即決営業

堀口龍介

サンマーク出版

はじめに

営業マンの最大の悩み。それは、「即決契約」が取れないことです。

何度も何度もお客様のところへ足を運び、商品説明もばっちり。それなのに、いつも決まって最後は「考えます」と言われ、また保留にされてしまう……。

お客様の「考えます」を攻略し、契約へと誘導する。

これこそが営業職の永遠のテーマなのです。


世の中には、たくさんの営業セミナーや営業本などがあふれています。しかし、これらのほとんどは、「いかに相手に好かれるか？」ということを教えているだけにすぎません。

私は、これらのやり方を「普通のやり方」だと思っています。「普通のやり方」では「普通の結果」しか出ません。

この本を読んでいるみなさんはきっと「普通の結果」では満足しない人だと思います。

私も、これらの手法では、不十分であると考えています。

それは、相手に好かれて契約してもらう営業手法では、限界があるからです。

ここであなたに、一つ質問します。

なぜ、我々営業マンは、相手に好かれたいと思うのでしょうか？

それは、相手に「契約してもらいたい」と思っているから、ですよね！

では、この「契約してもらいたい」という言葉をよく見てください。

「契約して・も・ら・い・た・い」

そうです。この文字のとおり、契約は相手から「もらうもの」になってしまっています。

私は、本書を通して、あなたに「契約させる」営業手法を提案したいのです。

「もらう」は「お願い」。

「させる」は「強制」です。

この「即決営業メソッド」は、相手に「契約してもらう」営業手法ではなく、強制力をもって相手に「契約させる」営業手法なのです。しかも、即決で。


私が営業を始めたのは、二十二歳のころ。当時、大学入試教材の訪問販売では日本最大手の会社の大阪支店に入社しました。小中高校生のお子さんをもつご家庭に対して、一契約五十万円から百万円ほどの学習教材を売りに行きます。

毎日毎日、何時間も電話をかけて見込み客を探します。一日十時間以上電話することもザラでした。

電話に出たほとんどの相手に断られ、「てめえ、どこでウチの電話番号調べたんだよ!」とどなられ、激しい罵声《ばせい》の嵐《あらし》をかいくぐりながら、百人中たった三人ほどが見込み客として上がってくるという厳しい世界です。

約束の時間どおりに訪問しても、居留守を使われることなど日常茶飯事。「今すぐ帰らねえと、警察呼ぶぞ!」と悪者扱いされ、ビールの空き缶を投げつけられ、二階の窓から子どもにBB弾で撃たれたこともありました。

やっとの思いで話を聞いてくれた相手にさえ、「主人と相談します」「考えます」などと適当な返事で保留され、逃げられてしまうやるせない毎日。

「考えます」「考えます」って、いったい何を「考える」んだ?

完全に見下されながら、お客様に嫌われないように我慢しつづけ、その曖昧《あいまい》な返答を信じて、裏切られ、悩み、傷つくたびに、「こいつら絶対許さねえ!」と思ってきました。

たぶん私はあのころに、お客様の「考えます」について、世界中の誰より悩み、考え抜いたんだと思います。

そして私は、この「即決営業メソッド」にたどり着いたのです。

「即決営業メソッド」を編み出したことにより、私の商談の成約率は八割以上に上がりました。

二十三歳のときには、営業マン千人以上のなかで年間個人売り上げ一位の成績を収め、その後、訪問販売会社を渡り歩き、在籍したすべての会社で年間個人売り上げトップを記録しつづけました。

さらに、起業する直前の一年間の成約率は、一〇〇％。

そして、二十九歳で自ら訪問販売会社を立ち上げ、現在では、東京、大阪、京都に支店を置き、これを書いている現在でも、日々「即決営業活動」に勤《いそ》しんでおります。また、最近は「即決営業セミナー」の講師としても活動し、「即決メソッド」をみなさんにお伝えしています。


そんな私が、いつも営業マンに指導するのは、お客様の「考えます」をいかに攻略するか、ということです。

営業の仕事を経験されたことのある方ならおわかりになるかと思いますが、我々営業マンが、お客様に商品説明をして、料金説明をして、契約するかどうかをたずねると、ほとんどのお客様が「イエス」でも「ノー」でもなく「考えます」と返答してきます。

これが営業マンの最大の敵、お客様の「考えます」という返答です。

では、彼らはなぜ「考えます」と答えてくるのでしょうか？

実は、お客様は「考えたい」のではなくて、ただ「迷っている」だけなのです。「迷う」理由は一つだけ。その商品が高額だからです。

100円ショップやコンビニのような店で低額商品を買う場合、お客様は迷ったりしません。自分にとって高額な商品を買うときにだけ、彼らは迷うのです。

でも、よく考えてください。「迷うこと」は、お客様の都合です。

そもそもこの「考えます」という「返答」は「答え」ではありません。

「無料でお話しさせていただきます。気に入らなければ断ってもらって大丈夫です。でも、答えはください」

これが営業マン側の主張です。

もう一度いいます。

お客様の目的は「話を聞くこと」です。

営業マンの目的は「答えをもらうこと」です。

だからお客様は、「話を聞いた」のだから「答えを出すべき」なのです。

これは、本文の中にくわしく書かれていますが、商談する前の段階で、お客様に「答えは出すべきだ」という常識をもたせておくこと。ここをしっかり押さえておけば、お客様は気軽に「考えます」とは言いにくくなります。
「自分が相手の立場に立って考えてみること」よりも「相手に自分側の立場に立たせて考えさせること」こそが、こちらの主張を通すうえで、もっとも重要なことなのです。

「即決営業メソッド」は、白か黒かをはっきりさせるやり方です。買うのか？　買わないのか？　その場でケリをつけること。

他の営業手法とは違い、保留を一切許さず即決を迫る、攻撃性のある営業手法です。
この「攻撃性」ゆえに、もしかしたら、あなたはお客様に嫌われるかもしれません。
でも、嫌われることを恐れていては、「即決」は迫れないのです。
「好かれて保留」を選ぶなら、「嫌われて否決」を選んでください。
お客様の「考えます」を許すのではなく、ちゃんと「答え」を出させてください。
営業マンの仕事は、相手に「好かれること」ではなくて、「売ること」だけです。
営業マンは「売ること」に迷ってはいけないんです！
営業マンから話を聞いている時点で、そのお客様には「悩み」があります。子どもの成績が伸びなくて困っている、太っている自分がイヤでやせたい、英語を話せるようになりたい……このような解決したい「悩み」があるからこそ、お客様は、それぞれの営業マンから話を聞くわけです。

その「悩み」を解決するためには、お客様自身が「スタート」を切るしかない。「スタート」しないと「ゴール」はないのです。

人は誰でも、やりたくないことに対しては迷いません。やりたいからこそ迷うんです。その背中を押してスタートさせてあげることが、営業マンの使命なのです。

悩みを解決するのは、なるべく早いほうがいいですよね。お客様の悩みを一緒に解決するためによかれと思って話をしたのに、答えを保留にして解決を先延ばしにする……。これでは、お客様のためにもなりません。

つまり、一見すると攻撃性の強い営業メソッドに思えるかもしれませんが、「即決営業」は、悩みを早く解決できるという点で、お客様にとってもベストな方法だといえるのです。

もしあなたが現在、会社で最下位の営業マンだったとしても、営業を始めたばかりの未経験者だったとしても、この「即決営業メソッド」をマスターすれば、きっとトップセールスマンになれることでしょう。

営業において大切なことは、相手に好かれることではなく、相手を逃さないことです。
そして、お客様の「考えます」を受け入れないことです。

私はあなたに、この「即決営業」というやり方を提案したい。
これからの営業人生において、この本が、あなたの一助になれば幸いです。

目次

第1章 営業マンには即決以外の道はない

第3章

商品の価値を納得させる「即決」プレゼンテーション

第4章 買う決断をさせる「即決」クロージング

第5章 「即決営業メソッド」を使いこなす心の鍛え方

装丁＋本文デザイン＋ＤＴＰ　萩原弦一郎＋玉造能之＋荒井千文（ＩＳＳＨＩＫＩ）
編集協力　増山雅人
編集　黒川可奈子（サンマーク出版）

第1章

営業マンには即決以外の道はない

営業マンの仕事とは、「即」決断させること

営業マンの仕事は、お客様に「考えます」と言わせずに、買うか買わないかの答えをもらうこと。即、その場でケリをつけさせることです。

これを私は、「即決営業」と呼んでいます。

しかし、営業マンが勇気を振り絞って「契約書にサインしてください」と答えをもらおうとすると、お客様は必ずといっていいほど「考えます」と決断を先延ばしにしたがります。

お客様は、いくら商品がいいものだとわかっても、お金は払いたくないものです。つまり、積極的には買いたいと思っていない。ただ、買わないと言ってしまうと、商品を買う機会をすべて逃してしまう……。商品を買うという可能性は残しておきたいのです。

それに断ると営業マンに悪い気もする。誰しも目の前の人に対して、面と向かって「買いません」とは言いにくいものです。営業は、売るための仕事。その営業マンに対して「買いません」と言うことは、営業という仕事を否定しているも同然です。

結果的に、お客様は「考えます」と決断を先延ばしにし、「ノー」と断られるのが怖い営業マンも、一度答えを求めただけですんなりと引き下がってしまうのです。

しかし、「考えます」と言ったお客様のほとんどは、結局商品を買うことはありません。私の感覚だと、十人中九人はまず買いません。それにもかかわらず、営業マンは十人中五人くらいは契約してくれるだろうと考えてしまうのです。

なぜか。それは、人は信じたいものを信じてしまう生き物だからです。

「今日のお客様はいい人だったから、きっと契約してくれるだろう」

「あんなに商品のことをほめていたから、きっと契約してくれるだろう」

「これまでになく会話も盛り上がったから、きっと契約してくれるだろう」

と、今回ばかりは契約してくれるにちがいない、とついつい信じてしまうのです。

こうしてふくらんだ期待は、後日、無残にも打ち砕かれることになります。

結局、営業マンは、お客様の「考えます」という言葉に悩まされつづけることになるのです。

「お客様は、考えさせてくださいと言いますが、何を考えるのですか」

「考えることはもうありませんよね」

と促して、「イエス」か「ノー」かの即決を取るのが営業マンの本当の仕事です。

いかなる場合も、お客様の「考えます」という言葉を信じて、話を終わりにしてはいけません。十万円の商品ならば、お客様に対して、十万円を無駄にしないだけの決意を、その場で約束させるのがプロなのです。

「明日、考えてから、契約します」という口約束では、決意は固まりません。「やっぱり、やめました」と簡単に撤回ができてしまうからです。

「契約します」というイエスをその場でもらい、契約締結まですませることで、お客様は自分の気持ちを固めるのです。契約するタイミングは、お客様の気持ちが一番盛り上がっているときがベスト。一番盛り上がるのは、商品説明を初めてした日です。

つまり、**訪問したその日に即決を迫るのが、お客様にとっても、営業マンにとっても、最善なのです。**

× お客様は一人でじっくり考えたい

○ お客様は答えを先延ばしにしたいだけ

お客様の「考えます」を信じてはいけない

「お客様、ぜひこの機会に契約してください」

「考えさせてください……」

繰り返しになりますが、営業マンがクロージングで契約を迫ると、ほとんどのお客様はこのように反応します。「考えさせてください」という言葉の意味は、本当に考えたいということではありません。

本当に考えたいというわけではなくて、「買う決断」ができていないだけなのです。だから、とりあえず答えを先延ばしにしたい。

商品の内容もよくわかった。

料金についても理解した。

今の自分に必要な商品だということもわかった。

それなのに、決断ができないのです。

なぜか。商品が高いからです。少なくとも、そのお客様にとっては。

たとえば、ダイエットのための運動器具が百万円だとしましょう。

お客様はダイエットをしようと思っている。運動器具のよさも理解した。料金の説明も受けた。支払い方法も、分割だったら払えることがわかった。

でも、「もしも」百万円も払ったのに、運動するのが続かなかったとしたら、百万円が無駄になってしまう。極端な話、千円だとしたら、無駄になってしまったとしてもあきらめがつく。でも百万円だと、あきらめがつかない。だから、本当に自分が運動を続けられるかどうか心配だ……。

これが、お客様が迷う理由なのです。一言でいえば、自分に自信がないのです。このようなお客様に対して、「では、いつになったら答えが出せますか？」などと言ってしまうと、どうなるでしょうか。

「一日ください。きちんと考えて答えを出します」と、お客様は逃げに入ります。自分が目を向けたくない「太っている」という問題に目を向けさせる営業マンは、自分にとって必要な存在のように感じる一方で、イヤなことにプレッシャーを与えてくる、いわば勉強をしなさいとガミガミ言ってくるお母さんのような存在です。

子どもが「今日は遊ばせてよ。明日は宿題するから」と言っても、信じる人はいませんよね。「明日からやる」「あとでやる」「今日だけは遊ぶ」などと言いつづけ、結局は夏休みの宿題にまったく手をつけないまま最終日まで持ち越してしまうのがオチです。

同様に、お客様に「明日、お答えします」「あとでちゃんと考えますので」「今日のところはお帰りください」などと言われても、けっして信用してはいけないのです。

お母さんであれば、明日にまたガミガミ言うことができますが、営業マンはできません。電話をかけたとしても、「考えたんですが、やっぱりやめることにしました」「別の方法でやることにしました」などと、引き延ばしたあげく、言い逃れされてしまうでしょう。

決断させるチャンスは、お客様が目の前にいる「今」しかありません。つまり、お客様に「即決」させられるかどうかがカギなのです。お客様の「あとで」に惑わされて答えを保留にされないように、必ず即決に挑みましょう。

× お客様は自分一人で決断できる
○ お客様は自分一人では決断できない

お客様の九割は「浮動票」

選挙で勝負を分けるのが、浮動票です。同じように営業マンの成績を左右するのも浮動票。つまり、買うか買わないかを決めていないお客様に売れるかどうかが、売れる営業マンと売れない営業マンの違いなのです。

人は決断するのがとても苦手です。営業マンの力なしに「買う」と決めることも、「買わない」と決めることも、難しいものです。さらに、高額な商品であるほど、決めるのは困難になります。つまり、お客様のほとんどは浮動票と考えていいのです。

いわば、お客様はプールの上に設置された一〇メートルのジャンプ台の上に立っているようなものです。後ろから背中を押してあげないかぎり、飛べない人がほとんどでしょう。その役割を担っているのが営業マンです。

怖がる人の背中を押すなんて、ひどいことをする、という人もいるかもしれません。しかし、誰かが背中を押さないかぎり、お客様は一生ジャンプ台の上で水面をのぞきながらブルブル震えているだけかもしれません。

営業マンにとってもそうですが、お客様にとっても「即」決断できずに解決を先延ばしにするのは、時間がもったいないと思いませんか？

仮に一割のお客様が「買う」と決めていて、一割のお客様が「買わない」と決めていて、残りの八割のお客様が「買う」とも「買わない」とも決めていない浮動票だとしましょう。この八割のお客様に決断させるのが営業マンの仕事です。もし決断させなければ、初めから「買う」と決めていた一割のお客様にだけしか売れないわけです。

「買う」と決めていたお客様に当たるのを宝くじのように願うのではなく、ほとんどを占める浮動票に対して、買うか買わないかの即決を迫ればいいのです。

× 初めから「買う」と決めていた人に売るのが営業マン

○ 「買うか買わないか」決めていない人に売るのが営業マン

太っている人にケーキを売るな！

「いい商品があれば売れる」。あなたも社会人になりたてのころは、そう思っていたのではないでしょうか。いい商品をつくりさえすれば、お客様は自ら探して買いに来てくれる、と。しかし実際は、商品をつくるだけではさっぱり売れません。

家庭教師を例に考えてみましょう。

専業主婦のAさんには、高校一年生のお子さんがいます。全体的な成績は中の上くらいですが、数学が中の下くらい。「数学の成績が少し心配だけど、まだ高校一年生だし」と、塾に通わせることもなければ、家庭教師もつけていません。

テレビでは、家庭教師のCMがよく流れていますが、過去に検討したことは一回もなし。取っている新聞の折り込みチラシで学習塾の宣伝を目にすることもありますが、気に留めることはありません。

このようなAさんに対しては、いくらよい家庭教師のサービスをつくったとしても、売れようがないのです。

そこで、営業マンの登場です。

営業マンの仕事とは、今はほしいと思っていないお客様に、自社の商品を売ることです。

いくら広告を打っても、売れない商品はいつの時代もなくなりません。いくらネット広告が増えたとしても、ほしくないお客様は買いません。

しかしです。ほしくないお客様だからといって、その商品が必要ないお客様というわけではありません。

太っている人にこそ、フィットネスジムやダイエット食品が必要です。しかし、そういう人にかぎって、運動やカロリー制限に興味がないのです。興味がないからこそ、問題が起きているともいえるでしょう。

太っている人にケーキを売るのであれば、営業マンは必要ありません。我々営業マンの仕事とは、太っている人が興味のない、フィットネスジムの会員権や、ダイエット食品を売ることなのです。

これを私は、「苦いお薬理論」と呼んでいます。苦い薬は、飲むときに「うげっ」となります。とくに味覚が敏感で苦い味に慣れていない子どもは、薬を飲むのをイヤがるでしょう。しかし、飲まなければ問題は解決しないのです。

ほしい人に商品を売る、という考え方をしていると、ほしいかどうかはお客様にしかわからないことなので、買うかどうかはお客様が一人で考えるべき問題になってしまいます。

一方で必要な人に商品を売る、という考え方をすると、お客様が必要かどうかを営業マンも一緒に考えることができるようになります。すると、お客様が「考えます」と言って契約を保留にしようとしても、「じゃあ一緒に考えましょう」と、お客様と一緒に必要性を考えつくすことで、再び即決を迫ることができるのです。

× ほしい人に売るのが営業マン
○ 必要な人に売るのが営業マン

営業とサービスはまったく別の仕事である

小腹がすいたときに、たまたま通りかかったおにぎり屋さん。一個百円の塩むすびと、百二十円の梅干しおにぎりと、百五十円の紅鮭《べにざけ》おにぎり……。どれにしようかと悩みますよね。そこと同じ並びに、千円の高級おにぎりがあったとしたら、あなたは買いますか？ウニとカニが入った高級おにぎりです。

普通は買わないでしょう。しかし、そこのお店のおばちゃんが、

「このおにぎりに使っているウニもカニも、本当に新鮮で、仕入れられたときにしかつくれないのよ。あなた運がいいわ」

「いつもは予約分だけで売れちゃってるんだけど、たまたまあるのよ」

「お米も他のおにぎりとは違って、専用に仕入れた日本一おいしいお米よ」

などと話しかけてきたら、かなり心がぐらついてしまうのではないでしょうか。

このように、お客様にイヤがられる可能性があろうとも、売るために自ら働きかけていくのが営業という仕事です。

「お客様に喜ばれる営業マンになりたい」と言う人がいますが、根本的に間違っています。お客様に喜ばれることを最優先にする仕事は、サービスの仕事です。

我々営業マンは、売ることを最優先にするのが仕事です。そのためには、お客様がイヤがるかもしれないことも、する必要があるのです。

でも、安心してください。「即決営業メソッド」では、お客様に嫌われずに売り切る方法をお伝えしていきます。ただし「嫌われる勇気」は必要です。お客様にイヤがられることはしたくない、喜ばれることだけがしたい、というのでは営業マンとして失格なのです。

お客様に「このおにぎり、なんでこんなに高いんですか？」と聞かれたときにだけ答えるのは、営業ではなくサービスです。

我々はおにぎりではないのです。おにぎりに対する質問を受けつけるサービススタッフでもありません。イヤがられても声をかけつづけ、おにぎりを買わせる営業マンなのです。

喜ばれたいと思うのは人間として当然ですが、それはおにぎりを食べた結果としての「おいしい」という喜びであって、営業の仕事の直接の目的は売ることです。売るためにはイヤがられることをしなければならないときもある。このことが理解できると、決断をしたくないお客様の背中を押して、即決を取ることができるようになります。

○ お客様に喜ばれることだけをする
× お客様にイヤがられてでも売るために行動する

営業マンの使命とは、お客様を「スタート」させること

「お客様に喜ばれる営業マンになりたい」というのは間違っているとお伝えしました。営業マンの目的は喜ばれることではなく、イヤがられてでも売ることだからです。

しかし、結果的には喜ばれます。それは、売ることでお客様の悩みが解決するから。

人にはいろいろな悩みがあります。ただ、ふだんは見て見ぬふりをしています。悩みに向き合っていてはつらいからです。願望や夢も同じです。願望や夢を思い浮かべることで、「それが達成できていない今」と向き合わなければならなくなります。また、願望や夢が叶《かな》

わないかもしれない、という不安な気持ちにもなります。

だからといって、悩みをそのまま放置しておいてよいのでしょうか。願望や夢を抱かずに、つまらない日常をただただ生きていて、幸せなのでしょうか。そんなことはありません。お客様は、悩みを解決して、願望や夢を叶え、幸せになるべきなのです。

そこで、営業マンの登場です。

お子様が勉強嫌いで高校三年生にならないと受験対策をしないようなご家庭に対して、我々営業マンは、そのお子様が高校一年生のときにアプローチするわけです。そうすれば営業マンのおかげで、早い段階から受験対策をスタートすることができる。

このように考えると、営業マンの仕事とは、単に商品を売ることではありません。**本当の意味での営業マンの仕事とは、お客様の悩み解決のための行動、もしくは願望や夢を叶えるための行動をいち早くスタートさせることなのです。**

これを私は、「即決戦隊スタートマン理論」と呼んでいます。営業マンとは、スタートできないお客様を助けるヒーローなのです。

戦隊ものの多くは五人で結成されますが、営業マンは一人。しかし役割は五つです。
●お客様に無害な存在であることをアピールしながら近づく、アプローチグリーン

- お客様がこのままでは不幸な未来に突き進んでいると警告する、プレゼンイエロー
- 契約しないあなたはおかしいとレッドカードを突きつける、クロージングレッド
- お客様の断り文句を受け止め、うまい切り返しで説得をする、ディベートブルー
- 契約を決断したお客様の傷を癒《いや》し、不安な気持ちを消し去る、フォローアップピンク

これら五役を一人で行うことで、お客様を即決に導く。それが「即決戦隊スタートマン」です。スタートマンの武器は、そう、営業マンが扱っている商品です。

戦場で、今ある武器を使わずに、もっといい武器があればなあ、と思っていては戦いに勝てないのと同じように、「他社の商品のほうがお客様にとってよい商品かもしれない」と考えていては、お客様の行動をスタートさせることはできません。

あなたは、あなたが扱っている商品を使って、お客様の行動を「即」スタートさせるのが仕事なのです。間違っても、「ここが悪い」「だから売れない」と、自社商品の売れない理由を探してはいけません。

× 他社の商品も比較検討させたほうがいい

○ 即決で自分から買うことこそがお客様の幸せ

「敵対営業」と「友好営業」、めざすべきは、どっち？

「えっ、百万円ですか？」

高額商品を売る場合、価格を知ると文字どおり「引く」お客様ばかりです。「この商品、いいな」とお客様がどんなにほしいと思ったとしても、価格がおおむね三十万円を超えてくると、買う決断ができない方がほとんどなのです。

営業マンの存在意義は、ここにあります。

「商品をほしいとは思うけど、金額が高いからどうしよう……」と言うお客様に対して、「高いですけど買いましょう！」と決断を促すのが、営業マンの仕事の本質です。

もし仮に、商品の価格が低い場合、営業マンは決心を促す必要はありません。100円ショップやコンビニのような低額商品を扱う店舗に営業マンがいないのは、このためです。お店に商品を並べるだけで、お客様は自分で商品を手に取って説明を読み、一人で買う決断をしてレジに持っていき、商品を買います。

価格帯が一万円を超えてくると、お客様は買う決断がしにくくなります。買うかどうかを一人ではなかなか決められないのです。そこで、営業が必要になってきます。

しかし、この場合の営業は、営業マンというよりも、「サービススタッフ」「接客スタッフ」といったほうが適切でしょう。お客様に好かれるように振る舞い、仲良くしているだけで、お客様は「せっかくだからあなたから買うわ」と勝手に買う決断をしてくれるからです。

実は、世の中のほとんどの営業マンは、このような接客しかしていません。お客様に好かれるように振る舞い、仲良くしているだけで、お客様自らが買う決断をするのを、ただただ待ちつづける。

このような受け身の営業のことを、私は「友好営業」と呼んでいます。

友好営業で何とかなるのは、せいぜい一万円くらいの商品でしょう。時間をかけてよほど仲良くなれば、一万円を超える場合でも多少は売れるかもしれません。しかし、価格が三十万円を超えてくると、友好営業ではまったく売れなくなってきます。どんなにお客様と仲良くなったり、どんなに商品説明をうまくしてお客様に商品をほしいと思わせたりしたとしても、お客様は価格の高さにとまどい、一人で買う決断ができなくなるのです。

そこで必要なのが、お客様を説得するクロージングの技術です。

お客様の頭の中では、「買う理由」と「買わない理由」とがせめぎあっています。いわば、お客様の頭の中では、「買うべき」「買うべきではない」という討論会が巻き起こっているのです。

クロージングでは、営業マンが「買うべき」という立場に立って討論会に参加します。お客様が一人で行っていた討論会を、頭の中から外に引っ張り出すイメージです。

もし、営業マンが討論会に勝てば、お客様は商品を買います。しかし負ければ、お客様は商品を買いません。友好営業をしていては、ディベートになりません。相手の痛いところを突いてこそ、ディベートになるのです。

反対に、お客様にクロージングをかけて、討論して勝つ営業が「敵対営業」です。

友好営業ではお客様の言うことを否定せずに媚《こび》を売っているだけの営業マンがほとんどですが、敵対営業ではお客様に買うべき理由を突きつけ、買わない理由を押さえ込むことで、買う決断をさせていきます。ここまでしなければ、お客様はいくらほしいと思っていても、買う決断ができないのです。

お客様の気持ちをリードするのは、営業マンです。お客様の迷っている気持ちに引っ張られず、「敵対営業」ひいては「即決営業」をめざしてください。

× どんな商品も「友好営業」で売れる

○ 高額商品は「敵対営業」でしか売れない

トップセールスマンに「保留型」はいない

「私は即決型の営業ではないので」と言う営業マンがいます。お客様が、自らほしいと言ってくるのを待つのが、自分の営業スタイルだという営業マンです。このような営業マンを、私は「保留型の営業マン」と呼んでいます。

お客様の保留を許すということは、お客様に主導権を握られているということです。つまり、「お客様の言いなり」になってしまっている状態です。

お客様の言いなりになる保留型の営業マンは、契約が取れずにやめていく運命にあります。「私も昔、営業をやっていたことがあります」と言う営業経験者のほとんどは、保留型の営業マンだったためにやめざるをえなかった人たちです。

いわば彼ら、彼女らは、ライオンに生まれたにもかかわらず、自ら狩りをしてシマウマやキリンなどの草食動物を食べようとしなかったことで、死んでしまったようなものです。

営業という仕事を選んだのならば、あなたはライオンとして生きるしかないのです。百獣の王になりたければ、即決以外の道はありません。

営業マンをやめた人の多くは、「商品がよくなかったから」と、売れない理由を商品のせいにします。しかし、売れなかったのは保留型の営業をしていたせいです。

お客様が自ら「買いたい」と言ってくるくらいなら、そもそも営業マンなしに商品は売れていくのです。ネットショップや店舗をつくり、売るのであれば、営業マンはいりません。先述しましたが、営業マンの仕事とは、お客様が一人では買うことを決断できないような「高額商品」を売ることだからです。そうでないならば、会社は営業マンに高い報酬を払う意味がありません。

読者の方のなかには、高額商品を売れるようになりたいと思っているお店の販売員の方もいるかもしれません。たとえばブランド品を扱うアパレルショップの店員さんは、来店したお客様に対して、一回で十万円以上の商品を売ります。このような販売員の場合でも、保留型の営業しかできないようだと、厳しいようですが、ただのレジ打ちスタッフでしかありません。

一方で、即決型の営業ができる販売員は、お客様が一人では買うことが決断できないような高額商品をバンバン売ることができます。

保留型の販売員は、時給の安いアルバイトと同じ評価しかもらえなくてもしかたがありません。保留型の販売員は、ただレジに来たお客様に対応するだけの受け身の仕事しかしていないも同然だからです。お客様の言いなりになってしまっては、トップ営業マンになれるわけがありません。

もしあなたがトップ営業マンをめざすのであれば、即決以外の道はないのです。逆にいうと、即決以外で契約が取れるほど、営業は甘くはありません。一番契約が取りやすい方法が、即決営業なのです。

× 即決でなくともトップ営業マンになれる
○ 即決以外ではトップ営業マンにはなれない

即決型の営業マンは二倍のお客様にアプローチできる

即決型のAさんと、保留型のBさん。

この二人を例に、即決の有効性をお伝えしていきます。

二人が扱う商品は、大学受験用の学習教材です。

二人は夜の八時前後に商談をするようにしています。この時間帯は、子どもと両親がご飯を食べ終わり、ゆっくりと営業マンと話ができるゴールデンタイムだからです。そこでAさんもBさんも、昼間はお客様に電話をかけて商談の約束を取りつけては、夜になると商談に出かけていきます。

商談は約二時間。長いときには三時間になることもあります。つまり、AさんもBさんも一日一件しか商談を入れられません。一日一件ということは、どんなにがんばっても一か月に最大三十件の商談しかできないということになります。

この三十件の商談で、AさんもBさんも三十人（組）と商談をします。そして商品のプレゼンテーションが終わり、クロージングの段階になると、ほとんどのお客様は「考えます」と言う……。

ここでの対応方法が、AさんとBさんとで異なります。

Aさんはお客様の「考えます」を受け入れずに、お客様に対して即決するように促します。その結果、「成約」か「非成約」か、「イエス」か「ノー」か、というはっきりとした結果が出ます。

一方でBさんはお客様の「考えます」を受け入れてしまいます。つまり、商談のほとんどが「保留」になります。保留になると、お客様ともう一度商談しなければなりません。そのためBさんのスケジュールは、「新規」のお客様と「保留」のお客様との商談が半分半分で埋まることになります。

一週間のうち一日を休みだとすると、Aさんは一週間で六人と商談をして、六人から「成約」か「非成約」かの答えをもらえます。しかしBさんは、同じ人に二回訪問するため、一週間で三人からしか「成約」か「非成約」かの答えを得られません。

Bさんは、ときには二回にとどまらず、三回も四回も同じ人を訪問することがあります。一度でもお客様の保留を許してしまうと、二回目の訪問にもかかわらず、「再度検討して、後日答えを出しますね」などと、また答えを保留にされてしまうからです。

こうしてAさんはBさんに比べて二倍以上のお客様と商談することができます。二倍以上も商談しているのですから、その分営業成績がよくなるのは当然ですよね。

さらに、即決型営業マンの成長スピードは、保留型営業マンの二倍以上です。これは、経験をたくさんこなせるから、という理由だけではありません。成約か非成約か、答えがはっきりしているため、その都度自分の営業の何がよくて何がよくなかったのかを振り返りやすいからです。

これを私は、「即決の一期一会効果」と呼んでいます。**もうこのお客様とは二度と会えないかもしれない、という一期一会の感覚をもつことで、営業マンは商談の数を二倍にすることができ、さらに成長スピードも加速するのです。**

何度もいいますが、営業マンは、答えをもらうのが仕事です。一人でも多くのお客様から答えをもらうために、即決型の営業マンになりましょう。

× 一人のお客様の元にたくさん訪問したほうがよい
○ 訪問回数よりも、訪問件数で考える

キャンセルを恐れて即決から逃げるな

保留型の営業マンは、必要以上にキャンセルを恐れています。

何度も商談を重ねてようやく成約に至ったとき、「やっと苦労が報われた！」と喜ぶものです。しかし、その契約がキャンセルになってしまったらどうでしょうか。

一人ひとりのお客様に対して二回も三回も訪問し、より多くの労力をかけていたにもかかわらず、キャンセルになってしまったら……。保留型の営業マンは「今までの苦労は何だったんだ」と、大きく落胆することになります。

このようにして保留型の営業マンは、キャンセルを過剰なまでにして恐れるようになるのです。

そのため、私が即決型の営業をすすめると、保留型の営業マンのなかには、「二回目の訪問のほうが、キャンセルが少ないように思います」と反論してくる方がいます。

たしかに一理あるかもしれません。「二回も会って契約を決めたのに、やめますとは言いにくいな」というお客様の心理がキャンセルの抑止力になるでしょう。

しかし大切なのは、キャンセル件数を減らすことではなく、契約件数自体を増やすことです。キャンセルを減らすことを最優先して保留型の営業をしてしまうことは、契約件数をも減らす本末転倒な判断なのです。

保留型の営業マンは、キャンセルを恐れるがあまりにお客様と何度も商談してしまいます。結果的にキャンセルを受ける率が即決型の営業マンよりも低かったとしても、商談件数そのものは少なく、最終的な契約件数も少なくなってしまうのです。

一方で、即決型の営業マンは、キャンセルが多少あったとしても、それを上回る契約件数を得ることができます。**キャンセルを受けたとしても、結果的に成約を多く手にするのは、即決型の営業マンなのです。**

私にいわせれば、キャンセルを過剰に恐れる営業マンとは、殴られるのが怖くてパンチが出せないボクサーと同じです。殴られるのがイヤならばボクサーにならなければいいのです。たしかに、殴られるのが好きなボクサーはいないでしょう。しかし、それを覚悟したうえで、勝利のためにボクサーは努力するのです。

同じように営業マンも、ある程度、お客様からのキャンセルを受けることは覚悟しておきましょう。でも、安心してください。保留型の営業マンが想像するほど、キャンセルは怖くありません。即決型の営業マンは、一つひとつの商談にそこまで時間と労力をかけないため、キャンセルを受けたときの心の痛みはさほど大きくないからです。さらに本書では、キャンセルされないためのフォローテクニックについても、しっかりご紹介します。

断られる恐怖、そしてキャンセルされる恐怖に打ち勝ってこそ、営業マンは真の意味での営業マンになれるのです。

× せっかく取った契約をキャンセルで失いたくない

○ キャンセルの恐怖を乗り越えてこそ多くの契約が得られる

再訪して取れる契約は、一回目でも取れる

前項では、「二回目の訪問のほうが、キャンセルが少ないように思います」という反論に対して、キャンセルが多少あったとしても即決したほうが結果的に契約件数は多くなることを示しました。

しかしこれは、営業マンを統括するマネジャーの視点です。「一か月で考えると、結果として即決のほうがいい」「保留にすると、別のお客様にアプローチする機会を失ってしま

う」と、マネジャーは俯瞰《ふかん》して物事を客観的に見ることができますが、一営業マンは違います。

「一人のお客様にこれだけ時間をかけたのだから、何が何でも契約がほしい」と思ってしまい、まるでギャンブラーが負けを取り返そうとやっきになって泥沼にハマるがごとく、さらに多くの時間を契約するかどうかわからない一人のお客様へとつぎ込んでしまいます。

営業マンにとって、「時は金なり」です。それがわかっていたとしても、いや、わかっているからこそ、泥沼にハマるのです。

泥沼から抜け出し、保留型から即決型に移行するためには、保留型のほうが有利だという考えをすべて捨て去る必要があります。

そこであなたには、「何回も訪問したほうが契約が取りやすくなる」という感覚から脱してほしいのです。たしかに何回も訪問したほうが、お客様と親しくなれます。親しくなれたほうが、契約を取りやすく感じられるかもしれません。

しかし、ここに罠《わな》があります。

あなたは、友だちから「友だちなんだから買ってよ」と言われて百万円の高額商品を買いますか？　いくら友だちであっても、そんなにお金は出せないのではないでしょうか。

お金の貸し借りを考えてみるとわかりやすいでしょう。

「友だちにいくらまでなら貸せますか？」というアンケートに対し、百万円と答えた方はわずか一・一％でした。あなたが仲良くなったほうが契約してもらいやすいだろうと考えるというのは、その一・一％の人の善意を期待する愚かな行為なのです。しかも、友だちでもないのに厚かましいことこの上なしです。

つまり、仲がいいだけでは、営業マンが扱うような商品は売れないのです。

あなたが一回目の商談で保留を許してしまったということは、あなたは敵対営業ができずに、友好営業に陥ってしまったということです。たとえ二回目の商談であっても、敵対営業をしてお客様と戦わないかぎり、契約は取れません。

もし、二回目や三回目の訪問で契約が取れたならば、一回目の訪問でも契約が取れたはずなのです。

✕ 何度も訪問すれば、契約が取れる

〇 再訪して取れる契約ならば、初回でも取れる

どんなお客様に対しても即決を挑め

ここまでお読みいただいて、「よし、今日からは即決以外は許さないぞ!」と商談に臨んでも、すぐに即決が取れるようにはなりません。どうしても保留にしてしまうことが出てくるはずです。

しかし、それでもあきらめずに、即決へと挑みつづけてください。

即決へと挑みつづけることで、だんだんと即決できるようになっていきます。

これは、ただの根性論ではありません。

即決できないことを自分のせいにしたくない人は、お客様のせいにします。

すると、「即決に挑むかどうかは、お客様しだいで決める」ということになってしまいます。つまり、運任せの営業になってしまうのです。

これではまるで、ダーツで的を狙《ねら》わずに矢を投げているようなものです。たしかに、ときにはいい点数になることがあるでしょう。しかし、いつまでたっても安定して高得点を得ることはできないはずです。ダーツは狙って投げつづけることで、狙った場所に投げられるようになるのです。

同じように、**どんなお客様に対しても即決へと挑みつづけることで、常に即決が取れる**

ようになります。さらに、クロージングの言葉にエネルギーが乗るようになり、言葉の一つひとつがお客様に刺さるようになるという効果も得られます。

これは、当然といえば当然です。

お客様しだいで即決するかどうかを決めるクロージングでは、お客様に主導権がある状態です。一方で、お客様によらずに即決に挑む営業マンは、主導権は自分にあるため、主体的に、自信をもって、話を進めやすくなるからです。

常に即決に挑みつづけることによって、あなたは常に即決が取れるようになり、成約率も格段に上がっていくことでしょう。保留にしたほうが成約率が上がるというのは、営業マンの期待が生み出した単なる幻想といえるのです。

× お客様によって即決に挑むかどうかを決める

○ 常に即決に挑むからこそ即決が取れるようになる

「契約するから一日待って」はウソである

絶対に保留は許さない。そう思っていたとしても、お客様から「契約したいと思います。

でも、一日だけ考えさせてください。必ずお電話しますので」と言われると、目の前にニンジンをぶら下げられた馬のごとく、よだれを垂らして「わかりました」と許してしまいがちです。

しかし、経験すればわかりますが、どんなに商談時に契約に前向きだったお客様であっても、契約に至らない場合が多々あります。これは私の主観ですが、契約する意思があるという言葉を何回も言ったり、今すぐ契約しないのが不思議なくらい前向きだったりするお客様ほど、契約をしないものなのです。

もしかすると、お客様はその場しのぎのために対面では調子のいいことを言っておいて、いざ目の前から営業マンがいなくなると、「もっといい商品があるはず」などと別の商品を探しはじめるのかもしれません。

大事なものや手に入れられると期待していたものをふいに横から奪われることを「鳶《とび》に油揚げをさらわれる」といいますが、同じように営業マンも保留を許してしまうことで、お客様をさらわれてしまう可能性が高くなるのです。

営業マンが苦労して見つけ、手に入れた油揚げであるお客様が、自ら別の営業マンである鳶の元へと逃げていってしまう……。

契約に踏み出せないお客様ほど、いくつもの商品を見比べた結果、「なんでそんなの選んだの？」というような商品を選んでしまいます。そんなことになっては、お客様のためにもなりません。

結局はいつか使うお金です。どうせなら、自分が売る商品に使ってもらいましょう。

仮にお客様が「考えます」と言った翌日に別の商品を探しはじめなかったとしても、結果としては似たようなものです。

人の気持ちは日がたつほどに冷めてしまうものだからです。

営業マンが伝えた言葉は、伝えたときにはお客様の頭に残り、心にも響いていたかもしれません。しかし営業マンが去って、一晩ぐっすりと寝て、翌朝目が覚めたとき、どれだけのことがお客様の頭と心に残っているでしょうか。

もちろんお客様も、「考えます」と言った際には、「明日契約しよう」と本心から思っていたのかもしれません。でも、翌日になればどんどんと気が変わるものです。そして、いい方向に変わることはほとんどありません。お客様がどれだけ商品のよさを感じていたとしても、日がたつごとに興味が薄れてしまうのはしかたがないことなのです。

商品のプレゼンテーションで用いた資料やパンフレットなどをお客様に渡してきたとしても、お客様が見返さないかぎり、思い出すことはありません。仮に見返したとしても、営業マンがプレゼンした内容は半分も思い出せないはずです。

哲学者のヴィトゲンシュタインは「語りえないことについては、沈黙するほかない」というように言いましたが、お客様の言葉の真意はいくら考えても無駄です。

大切なのは、お客様が「保留させてくれたら契約するよ」と言ってきたかのような場面ほど、保留にしてしまってはいけないということ。

保留は悪、即決は正義、と割りきって即決へと挑みつづけましょう。

× 契約しそうなお客様は保留にしても大丈夫

○ 契約しそうなお客様ほど即決に挑むべき

お客様のイエスは一日でノーに変わる

お客様の気持ちはどんどん変わっていくといいましたが、正確には「一気に」変わると考えたほうがよいでしょう。

アメリカ人の多くは、結婚時に神の前で永遠の愛を誓っているはずです。それにもかかわらず、アメリカでは二組に一組が離婚しています。

「世界で一番愛している」と恋人に言った人は、たしかにそのときは本当に愛していたかもしれません。しかし翌日には、別の相手に同じ言葉を言っていることがあるのです。

このように、人の気持ちはコロコロ変わるものなのです。それにもかかわらず、なぜ人は相手の言葉を信じてしまうのでしょうか。

それは、期待するからです。人は、自分が信じたいと思う言葉を信じる生き物なのです。「一生、愛しています」と恋人に言われたらついつい信じてしまうように、「明日、きっといい答えをお伝えします」と言われた営業マンは、ついついお客様の言葉を信じてしまうのです。

翌日になってお客様に契約を断られたとしても、信じた営業マンがいけないのです。

「ウソつき!」と思うかもしれませんが、お客様はウソをついていたわけではありません。

そもそもお客様の言葉に一貫性があると思った営業マンがいけないのです。お客様のイエスは、営業マンが去ったと同時にノーに変わって当然なのです。お客様にとって都合がいいのは、お金を出さないですむ「ノー」に決まっているからです。

お客様を一人にしたとたんに気持ちがノーに変わるとしたら、契約が取れるまではお客様を一人にしてはいけませんね。お客様の気持ちがイエスのうちに契約を取る。これが即決すべき別の理由です。

○ お客様の気持ちには一貫性がある
× お客様の気持ちはコロコロ変わる

即決営業はストレスがたまらない

営業とは精神的に、つらい仕事です。とくにお客様に答えを保留にされたときの営業マンは、期待と不安のはざまで苦しむことになります。

保留型の営業をするBさんは、商談をしてもお客様から答えがもらえません。だから、商談のあともお客様が契約してくれるかどうかでモヤモヤしつづけてしまいます。

「本当にいい商品だと思いますので」というお客様の言葉が本心だったのかどうか。

「契約に向けて夫婦でよく話し合いますので」という言葉のとおり、本当に話し合いが行われたのかどうか。

頭にお客様の声が浮かんでは、疑心暗鬼になります。そのたびに、「きっと大丈夫」と自分に言い聞かせますが、その願いは叶うことのほうが少ないのです。「やっぱり契約はしません」とお客様に裏切られるたびに、保留型のBさんの心は傷ついていきます。

人は、期待すればするほど、裏切られたときの傷も大きくなります。「なんで？　どうして？」と未練をもってしまい、「もう一度訪問したら、答えが変わるかも」と同じお客様に何度も電話をかけてしまったり……。

しかし、即決型のAさんは違います。

Aさんは、商談のたびに成約か非成約かの答えが出ているため、お客様の言葉に期待する必要も、傷つく必要もありません。何がよかったのか、何がいけなかったのかを今後の営業に生かすために反省することも容易です。

保留型の営業マンは断られるまでの時間も長いうえに、断られてから後悔する時間も長いのです。

一方で即決型の営業マンは、イエスかノーかがすぐにわかるため、心の痛みも一瞬です。

このように考えると、**精神的に弱い営業マンこそ即決型になるべきだといえるでしょう。**

× 気が弱い営業マンには即決なんてできない

○ 気が弱い営業マンこそ即決でいくべき

「紹介されたお客様」には即決を迫らなくていいのか？

即決営業セミナーの参加者の方から、「即決契約が取れたらそれで終わりですか？」という質問を受けたことがあります。その方は生命保険の営業マンで、「紹介営業こそが営業である」とおっしゃるのです。

たしかに「契約取りっぱなし」にするよりも、その後「紹介」をもらったほうがよいでしょう。ただ、「魚の釣り方」と「釣った魚を育てて増やす方法」が違うように、「即決営業」と「紹介営業」はまったく異なるものです。あなたが釣り人ならば、魚の育て方よりも、釣り方をまずはマスターするべきです。

このようにお伝えしてもなお、紹介営業にこだわりがある方は、「即決なんかしたら紹介先からクレームが来そうだ」と反論するでしょう。

即決を迫るとクレームになる。

これは事実のように聞こえるかもしれませんが、実はウソです。

実際は、下手に即決を迫るからクレームになるのです。

紹介型の営業だとしても、お客様が答えを出してくれなければ仕事になりません。また、紹介型であってもそうでなくとも、お客様が怒ってしまっては契約が取れません。

重要なのは、お客様を怒らせずに即決を取ること。これができる営業マンは、紹介だろうが何だろうがお客様を怒らせずに即決が取れます。そして、怒らせないからこそ、お客様は契約するのです。

即決とは、無理やり契約を迫ることではありません。
即決とは、お客様に「この場で答えを出さざるをえない」と納得させることです。

ここを勘違いしていると、お客様のクレームが怖いからという理由で、いつまでたってもお客様から答えをもらうことができません。

話を元に戻すと、紹介であってもそうでなくとも、お客様から買うか買わないかの答えを早めにもらうことに越したことはない、ということです。

「お客様とのご縁を壊したくない」というのであれば、「今回はビジネスでのご縁はありませんでしたね」と、ビジネスとプライベートを分けてつきあえばいいのです。

✕ 即決以外の営業スタイルがある

○ どんな営業スタイルでも、即決が必要

お客様には「買う」「買わない」を決める義務がある

営業マンの目的はお客様に「商品の説明」をする代わりに、買うか買わないかという「答え」をもらうことです。

一方で、お客様の目的は話を聞くことです。

営業マンの目的は答えをもらうこと。答えとは、買うか買わないかの二択しかありません。無料で営業マンから商品の説明をしてもらえる代わりに、お客様は買うか買わないかという決断をその場で出さなければいけません。

そば屋に入って、「ざるそば一つ」と注文し、食べたにもかかわらず、「お金を払うかどうかは検討させてください」と言って帰ろうとする人がいたら、それは食い逃げですよね。

同じように、営業マンから話を聞いたにもかかわらず「契約するかどうかは検討させてください」と言って商談を終わりにしようとしたら、営業マンにとってそれは食い逃げ同然の行為です。

このように、商談しておいて答えを出さないのは食い逃げ同然だと思い、けっして許さないことが大切です。

営業マンからしてみたら、商談をするための時間はかけがえのない時間です。会社側からしても、営業マンの人件費がかかっています。銀行ではお金を振り込めば手数料が発生するように、本来であれば商談でも営業マンが動く以上、手数料を請求してもおかしくないのです。

もちろん、お客様に食い逃げをしている意識はないでしょう。そこで、アプローチやプレゼンテーションのときに、「食い逃げはしないでくださいね」と事前に伝えることで、食い逃げを防止するのです。そのやり方については次章以降でお伝えしていきます。

まずは営業マンとして、即決以外は食い逃げ同然だと考えること。これがお客様から即決を取れる営業マンの「即決意識」です。

もちろん話を聞いて、断るのはかまいません。必要ないものを買う必要はありません。ただ、話を聞いて答えを出さないことが、食い逃げ同然の行為なのです。

この即決意識をもつことで、お客様の保留を許さない姿勢が生まれます。

即決意識をもつためには、このように考えてください。

お客様が商談の場にいるということは、多かれ少なかれ悩みがあるからです。悩みがなければ、どんなに優秀な営業マンがアポを取ろうとしても取れません。悩みがあるからこそ、お客様は専門家のアドバイスが聞きたいのです。

ただ、お客様は話を聞いた段階で、とりあえずの欲求を満たしてしまいます。買うか買わないかの答えを出したい、とまでは思わないのです。

一方で、営業マンからしてみたら、アドバイスだけをして終わりでは仕事が成り立ちません。そこで、「ギブ&テイク」の関係をつくる必要があるのです。

お客様は、アドバイスがもらえる。

営業マンは、答えがもらえる。

お互いがギブ&テイクの関係であり、どちらが上というわけでも、下というわけでもありません。しかしながら、営業マンが目的を忘れて、ただただ商品の説明をするだけで帰ってきてしまった場合は、お客様は無料で商品の説明を聞いただけで、営業マンに対して何のお返しもしていないということになります。

もし後日、商品がほしくなって契約したとしても、その営業マンの成績になるかどうかはその会社のルールによります。また、もう一度訪問する必要が出てきたり、別の営業マンが訪問する場合はそのスタッフにこれまでの経緯を共有する必要が出てきたりと、手間も時間も倍以上かかってしまいます。これでは不平等です。

お客様側は無料で説明を聞ける代わりに、説明をしてくれた営業マンに答えを伝える義務があるのです。

あなたがこの考えをよく理解することで、「お客様には答えを出す義務がある」という強い意識が芽生えます。即決以外は許さないということの意識があれば、あとは即決のための方法論を知り、実践していくだけです。

一番大切なのは、即決を取ろうとする気持ちです。即決意識をしっかりと育てたうえで、次章からの具体的なテクニックを実践していってください。

× お客様には即決しない権利がある
○ お客様には即決する義務がある

即決という絶対的価値観をもとう

これまでお伝えしてきたように、即決とは、お客様に「即」この場で決断させること。答えを保留にすることを許さない、営業マンのメリット、ひいてはお客様のメリットを最大化する方法です。

この本では、即決のメリット、そして即決しないことのデメリットをたくさんお伝えすることで、「営業マンには即決以外の道はない」ということを頭だけでなく心でも感じてもらいたいと思っています。

なぜかというと、即決はそう簡単なものではないからです。

「うん、たしかに即決のほうがいいよね」くらいの考えでは、とても即決は取れません。人は弱い生き物です。いざお客様を目の前にして、「考えさせてください」と言われると、「わかりました」とすぐに楽なほうへと流されてしまうものです。

したがって、あらかじめ決めておくことが大切です。「保留は絶対に受け入れないぞ！」と、固く心に誓っておくのです。しかし、ここまで誓っておいたとしても、保留を受け入れてしまおうか、と迷うことがあります。

そこで、**迷った場合にも、「保留は受け入れない」とあらかじめ決めておきましょう。お客様に何と言われようが、何回頼まれようが、土下座されようが、保留は受け入れない。**

これを私は、「絶対的価値観」と呼んでいます。

どれくらい絶対的かというと、ヒンドゥー教徒の人が牛肉を食べないくらいの絶対的です。ヒンドゥー教では牛を聖獣としているため、牛肉を食べることなどありえないのです。

同じように営業マンにとっても、お客様の保留を受け入れることなどもってのほか。

私は即決で買わなかったお客様に対しては、「商品を絶対に売らないぞ！」と決めていたくらいです。実際、私と商談してその場で商品を買わなかったお客様から連絡があっても、絶対に売らないようにと会社のサポートセンターに連絡していました。

「もしも、保留を受け入れてしまったら、自分が自分でなくなってしまう」というくらい、即決にこだわってください。

「即決させますか？　それとも営業マンやめますか？」

このくらい、即決は重要なのです。即決とは、営業マンにとって、誰が何と言おうとぶれることのない価値観です。「今日契約してくれなくても、明日があるからいいか」という甘さが、営業マンを殺すのです。

即決で取れない契約は捨てる。

このように決めることで、あなたもお客様の保留を許さない「即決型の営業マン」としてのアイデンティティを手に入れることができるでしょう。

✕　即決を取ろうと思えば、いつでも取れる

○　絶対的価値観をもつから、即決が取れる

第2章
「心の玄関」を突破する「即決」アプローチ

すべてはクロージングのためにある

飲食店で、開店前に食材を仕入れたり材料を下ごしらえしたりしておくことを「仕込み」といいます。同じように営業においても、「考えます」を言わせない即決のために必要な仕込みを早い段階からしておくことが大切です。

営業の仕事は、大きく三段階に分かれます。

第一段階は、「アプローチ」。お客様にとって赤の他人である営業マンは、最初はいわば「敵」です。コミュニケーションを取ることで、お客様の警戒心を解いていきます。この段階でお客様の警戒心を解かなければ、「あなたにそんなことを言われる筋合いはない!」とお客様は怒ってしまい、話し合いに応じてもらえません。

第二段階は、「プレゼンテーション」。お客様に聞かれたことに答えるだけでは、商品の価値をお客様に納得していただけません。効果的に商品説明をすることで、買うべき商品の価値を納得させていきます。この段階で十分に商品の価値を納得させておかないと、「それにしては高すぎる」と、お客様は即決どころか、そもそも買うかどうかを検討しなくなります。

そして第三段階が、「クロージング」です。「お客様は買うべき」という立場に立って、お客様を説得し、買う決断をさせて即決を取るのです。

このようにアプローチで警戒心を解き、プレゼンテーションで価値を納得させるからこそ、クロージングの段階で営業マンはお客様に「物申す立場」を得ることができます。**営業マンの仕事とは、すべてがクロージングのための準備であり、仕込みでもあるのです。**

以降の章では、この三段階を追ってお客様の「考えます」を攻略する方法を解説していきます。まずは、即決させる「アプローチ」を見ていきましょう。

× クロージングの段階さえうまくやれば売れる

○ すべての段階でクロージングのための仕込みをするから売れる

アプローチとは「心の玄関」を突破すること

「いらないって言ってるでしょ！」

「興味ないです。お帰りください！」

スキルの低い営業マンは、よくお客様から怒られます。普通、大人同士でイラッとしたことがあっても、口に出してまで怒ることはそうありません。それだけ営業マンはお客様に嫌われやすいということです。

なぜ、営業マンはそこまで嫌われてしまうのでしょうか？

それは、アプローチ段階で失敗しているからです。

営業の初めの段階を、「アプローチ」といいます。DMを送ったり、テレアポをしたり、飛び込み営業でお客様と初めてお会いしたりして商談の約束を取りつけるまでが、アプローチ段階。

アプローチとは、お客様に近づくことを意味します。近づくというのは、物理的な意味もありますが、もっと大切なのは精神的に近づくことです。そのためにはお客様の警戒心を解いて、「心の玄関」のドアを開き、玄関を突破する必要があります。

飛び込み営業の場合、文字どおり玄関を突破できるかどうかで、お客様にどれだけ受け入れられているかがわかりますよね。まず玄関を開けてもらわないかぎりは、売るどころか話をすることすらできません。飛び込み営業でない場合も、同じです。玄関を突破するくらい、精神的に近づくことが大切だということです。

心の玄関を突破していないままお客様に何か問いかけをしたり、商品説明をしたりしても、お客様からは無視をされたり、話を聞いてもらえなかったりと、まともに対応してもらえないのは当然です。それなのに、延々と商品説明をしたり、お客様に質問を続けたりしたら、キレられても文句は言えません。

逆に心の玄関さえ突破してしまえば、営業マンの言葉はお客様にしっかりと届くようになります。質問にも答えてもらえるようになるので、お客様の悩みや興味を聞き出して、商品アピールにつなげやすくなるという効果もあります。

売れるかどうか、即決できるかどうかは、アプローチしだいといっても過言ではないのです。

一流の料理人が仕込みにこだわるように、一流の営業マンほどアプローチにこだわります。もしお客様の心の玄関を突破できていなかったとしたら、いくらトップ営業マンといえども契約を取るのは非常に難しくなります。

お客様の警戒心が解けていないと、たとえ商談の約束をしていても、オフィスや家の中に入れてもらえずに、玄関で話さなければならないこともあります。無理やり玄関突破をして入れてもらったとしても、心の玄関突破ができていないと、商談の成功率は非常に低くなってしまいます。

「訪問したけれど、お客様が不機嫌で話を聞いてくれません。どうしたらよかったんでしょうか？」という質問を受けたことがあります。答えは、「訪問してからではどうしようもない」です。

アプローチ段階で心の玄関をしっかり突破しておくこと。これが商談を成功させるための土台となるのです。

× アプローチの目的はアポイントを取ること
○ アプローチの目的は警戒心を解くこと

営業マンの仕事はアプローチが九割

「飛び込みがしたくて営業マンになったのではない」

「テレアポはもううんざり。お客様と商談がしたい」

「チラシを撒《ま》きつづけるのにはもう疲れた」

このような営業マンは、考え方を変えないかぎり、仕事をやめることになります。

高校の野球部に入るときには、誰もが甲子園などの試合で活躍する姿を夢見ていたことでしょう。しかし、試合の時間など一割以下で、九割以上はつらい練習の時間。ほとんどの時間はランニングで足腰を鍛えたり、守備練習でノックを受けたりと、試合で活躍するイメージとはかけ離れています。つまり、野球部とは野球をする部ではなく、つらい練習をする「練習部」といえます。

営業マンも、仕事を始めたときにはお客様と和やかに商談し、契約を取って喜ぶ姿をイメージしていたことでしょう。しかし、高校野球の練習と同じように、仕事の九割は見込み客を探す作業である「アプローチの時間なんだ」と気づく必要があります。

商談の時間は少なくて当たり前。これがわからないかぎり、冒頭にあるような不平不満を言いつづけることになります。不平不満を漏らしながら成功できるほど、営業の世界は甘くありません。

営業マンの仕事の九割は商談ではなくアプローチ。「営業部」ではなく、「アプローチ部」なんだ、と受け入れることで、アプローチに打ち込めるようになり、結果として商談が取れるようになるのです。

まずはアプローチ職人に徹しましょう。一日何人にテレアポができるか。一日何人に飛び込み訪問ができるか。こういった数をこなしまくることで、「アプローチ職人」として一旗揚げ、商談という名の大舞台に進むことができるようになるのです。

商談で契約が取れるようになってくると、営業マンとしての価値が一気に上がり、自分でアプローチをしなくても別のスタッフが取ったアポを回してもらえるようになったり、会社がアプローチ専門スタッフを自分のために雇ってくれたりするようになります。それまでは自分でアプローチをして、自力で商談を勝ち取るしかありません。

「見てろよ、そのうちアプローチは外注してやるぞ」という野望をもって、まずはアプローチ職人として一旗揚げましょう。

× 営業マンのメインの仕事は、商談で契約を取ること
○ 営業マンのメインの仕事は、大量にアプローチをすること

アプローチは「四ステップ」でかけていく

では、アプローチ全体の流れを理解しておきましょう。

アプローチには、リストをもとに電話をかける場合や、何かイベントを開催して見込み客を呼び寄せる場合、いきなりアポなしで訪問する場合などさまざまなケースがあります。どのやり方をするかは、現場の営業マンが決めることもありますが、すでに会社で決められたやり方に従わなければならない場合も多いでしょう。

しかし大切なことは、どの場合であっても同じです。本質は、心の玄関突破をすること。そして一つの通過地点としてのゴールは、商談の約束を取ることです。

いずれの場合にしても、次の四段階でアプローチをかけるようにしてください。

（１）ファーストコンタクト
（２）モチベート
（３）アポ設定
（４）フォローアップ

最初の「ファーストコンタクト」とは、営業マンとお客様との初めての接触です。この段階でお客様の警戒心を解けるかどうかが、その後の営業のすべてを左右するといっても過言ではありません。

二番目の「モチベート」とは、気持ちよく「会話」をすることで、お客様に商品について興味をもってもらうことです。もしくは、商談への欲求を高めることです。お客様の欲求を大きくできればできるほど、商談の約束が取りやすくなるでしょう。このモチベートは、営業マンの力が大きく問われるところです。

三番目の「アポ設定」は、いよいよお客様と商談をする約束を取りつけることです。コツは、お客様に負担を感じさせないこと。そのためのテクニックを知っているか知らないかだけで、アポ設定の成功率は大きく変わることでしょう。

最後の「フォローアップ」は、商談をキャンセルされないための工夫です。そのためには、約束を重くすること、商談を楽しみにさせることの二つのポイントがあります。

以上、四つの段階を経ながら、お客様の心の玄関を突破していくのです。逆に、心の玄関を突破しないままアポ設定ができたとしても、それは商談をしても成約率が低い、「質の低いアポ」になってしまいます。

大切なものは目に見えないことがほとんどです。

アプローチにおいても、アポイントが何件取れたという目に見える数字よりも、心の玄関突破ができているかという目に見えない部分が大切になってくるのです。

次項からは、目に見えない部分である「お客様の心」について解説しながら、どうすれば心の玄関突破ができるかという具体的なステップをご紹介していきます。

✕ アプローチは、やみくもにやればよい
○ アプローチは、四つの段階ごとに注意すべきポイントがある

一〇〇ワットの電球になりきれ！

アプローチの第一段階は、「ファーストコンタクト」です。文字どおり、お客様との最初の接触です。ここでは便宜上、営業マンとお客様との間でお互いを認知するところから、会話が成立するところまでの段階を指しています。

このファーストコンタクトで、心の玄関突破のために大切なことがあります。それは何でしょうか？　拍子抜けするかもしれませんが、「明るさ」です。

でも、考えてもみてください。

「こんにちは！　いい天気ですね！　お元気でしたか？」と明るい声で話しかけてくれるAさんと、「こんにちは……」と暗い声で挨拶《あいさつ》したまま無言になってしまうBさん。

あなたが好感を抱くのはどちらでしょう？　明るい声のAさんですよね。

人間は、明るいのが大好き。暗い人と明るい人がいたら、必ず明るい人を選ぶ生き物なのです。

自分自身が電球になったかのような意識で、明るく振る舞ってください。なぜ電球なのか。それは、電球には四〇ワット、一〇〇ワット、二〇〇ワットなど、明るさに種類があるため、どの程度明るくするかを考えやすいからです。

なかでもあなたがなりきるべきは、四〇ワットでも二〇〇ワットでもなく、一〇〇ワットの電球です。一〇〇ワットの電球とは、「友だちのなかで一番明るいやつ」くらいの明るさを意味します。二〇〇ワット電球だと、明るすぎるのです。

つまり、違和感のない範囲で、最大の明るさを出してください、ということです。よく外国人のようなノリで、という方もいますが、それでは明るすぎです。

「なんだ、明るくするのなんて簡単だよ」と思うかもしれません。しかし、何件も営業して断られつづけると、だんだんと気分がめげてきてしまいます。すると、お客様の話に「そうなんですね！」と明るく相槌《あいづち》を打っていたはずの営業マンが、本人も気づかないうちに「そうなんですね……」と、笑顔がなくなり、声が暗くなっていることがあるのです。

四〇ワット、二〇ワットとどんどん表情も声も、暗くなっていく。

これが「電球切れ」です。

「電球切れ」の間、営業マンの意識は飛んでしまっています。無意識に「ああ、また断られてしまったなあ」とか「自分、営業向いてへんのかな」などと別のことを考えてしまっているのです。相手が友だちなら、「どうしたの？　元気ないよ」と気遣ってくれるかもしれません。しかし、お客様は営業マンを気遣ってはくれません。「暗い人だなあ」とか、「私の話を聞いてるの？」と思われておしまいです。

結果、売れません。売れないのでよけいに気分がめげて、電球が切れっぱなしになり、声が暗くなります。

めげる、暗くなる、よけいにめげる、の繰り返し。これが、営業マンが陥りやすい「めげループ」の状態です。めげループに陥ると、電球がまったくつかなくなり、まったく売れなくなるので、営業マンをやめてしまう方も多いのです。

営業マンをマネジメントする立場の営業部長やチームリーダーは、ノルマを設けたり、脅したりとあの手この手を駆使してこのめげループから脱出させようとしますが、容易なことではありません。

大切なのは、そもそも電球切れを防ぎ、めげないようにすること。そのためには期待をしすぎないこと、気にしすぎないことです。

めげないための「転ばぬ先の心の杖《つえ》」の持ち方は、次項でお伝えします。ここでは「めげるな危険！」と覚えておいてください。

× 明るく振る舞うことくらい、今の自分でもできる
○ 明るく振る舞いつづけるために、めげない心をもつ

めげないための「転ばぬ先の心の杖」をもつ方法

テレアポしては断られ、訪問してもすっぽかされ、ようやく会えたかと思ったら、たったの五分で帰された……。こんなに否定されてばかりでは、めげてしまっても当然です。しかし、めげてしまってはなおさら売れなくなってしまいます。めげてから気分を盛り返すのも大変です。だから、めげる前に予防策を打つ必要があります。

これを私は「転ばぬ先の心の杖」と呼んでいます。

なぜ営業マンはめげてしまうのか。それは、営業マンが大部分の時間を割いているアプローチに原因があります。

アプローチでは、一日百件、ご家庭や法人に飛び込み営業をしたり、一日三百件テレアポをしたり、一日千枚のポスティングをしたりと、とにかく膨大な数のリストに対して接触をします。ただし、どんなに効果的なチラシであったとしても、千枚のチラシに対しての反応数は三件程度だといわれています。テレアポであれば、百件電話をして三件のアポが取れればよいくらいです。つまり、九十七件は断られても、ある意味当然なのです。

それにもかかわらず、「もう断られたくない」「次こそは成功してくれ」などと一件ごとに一喜一憂していては、めげてしまって当然です。

アプローチした相手全員が顧客になることなど、実際はありえません。ターゲットは三％しかいないのです。このことを肝に銘じてアプローチをしましょう。

たしかに、ターゲットが三％しかいないということは、忘れたい事実かもしれません。そんなに少ないのか、とテレアポにやる気が出なくなってしまうかもしれません。「どうせ次も断られるだろう」と、電話したくないと思ってしまうかもしれません。

しかしだからといって、逆に「次はきっとアポが取れる！」などと過度に期待してしまうと、「やっぱりダメだった」とショックを受けて、結果、またメげてしまうのです。

それはまるで、富士山をダッシュで走って登り出し、わずか十分後に「はあ、はあ」と息切れしながら「もうすぐ頂上かな？」と勘違いしているくらいアホなことです。

「そんなにすぐに頂上に着くはずがない」とよく理解したうえで、「一歩一歩、転ばぬように杖をついて歩いて進もう」ととらえ、目の前の仕事の結果に一喜一憂しないことです。

「転ばぬ先の心の杖」を手に入れるには、第一に「アプローチはとにかく数をこなす段階である」と考えること。

そして第二に、モチベーションを上げようとするのではなく、仕事を「作業」として淡々と行うことです。九七％の確率で外れる「くじ」を引きつづけて、たまに当たりくじが出たらラッキー、というくらいのある意味冷めた見方をして、「大量行動」に徹するのです。

すると、アプローチで失敗してめげるつらさがなくなります。

このようにアプローチをただの作業としてとらえ、「確率論」として仕事を進めていく姿勢が、「転ばぬ先の心の杖」なのです。

× アプローチを成功させるために気合を入れる
○ アプローチは作業ととらえて淡々とやる

「してもらう意識」は今すぐ捨てる

アプローチでもそうですが、営業マンは、楽々と売れることを期待してはいけないのです。それどころか、お客様には何一つ期待してはいけないといっても過言ではありません。

期待するから、めげてしまうのです。そのためには、お客様に「契約してもらう」という「してもらう」意識を捨て去る必要があります。

してもらうのではなく、契約させてあげる。契約させてあげるかどうかは、営業マンである自分しだいだという考え方です。

アプローチをして、アポを取って訪問するのも、訪問させてもらうのではなく、訪問してあげる。そして、契約を断られたとしても、それは契約してもらえなかったのではなく、自分のお客様にふさわしくなかった、と考えるのです。

そうすることで、めげることが一切なくなります。お客様に期待するから、その期待どおりにお客様が振る舞ってくれなくて、めげるのです。お客様に期待するのではなく、自分の仕事に期待するのがプロです。このように考え方を変えると、お客様にも自然とプロ意識が伝わります。すると、驚くことに、お客様の対応も変わってきます。

具体的には、「忙しいなか、来てくれてありがとうございます」と感謝されることが増えます。たまには感謝してくれないかな、と期待しても感謝してくれなかったのに、期待するのをやめると感謝されるようになるので不思議なものですが、その理由はプロ意識にあったのです。誰しも、プロからものを買いたいと思っているのです。

「お客様に何一つ期待しない。契約は自ら勝ち取るものだ」と考え方を変えることができたなら、あなたはデキる営業マンの条件を一つクリアしたといえるでしょう。

✕ 契約とは「してもらう」もの

○ 契約とは「自ら勝ち取る」もの

お客様は営業マンを「敵」だと思っている

キリンやシマウマなどの草食動物にとって、ライオンやチーターなどの肉食動物は自分を食べようとする「敵」にほかなりません。草食動物は、肉食動物を見つけたとたんに逃げていきます。

同じようにお客様にとって、商品を売ることだけが目的の営業マンは「敵」です。敵というと言いすぎに思われるかもしれませんが、買うかどうかまだ決めていないお客様には警戒されていることに間違いありません。

「何か高額商品を売りつけられるんじゃないか」「延々と長い話を聞かされて、時間を無駄にさせられるんじゃないか」という疑念をお客様は営業マンに対してもっています。

営業マンは、好かれにくいとか嫌われやすいとか、そういうレベルではなく、そもそもお客様からすると、「敵」だといっても過言ではないわけです。

ここで営業マンが、少しでもお客様に対してイラッとしたそぶりを見せたり、元気がなかったりすると、「何だこの人は!」とあっという間に心を閉ざされてしまうでしょう。これでは、心の玄関を突破することはできません。

では、そんな嫌われ者の営業マンが、お客様の心の玄関を開けるにはどうしたらいいのでしょうか。それには、「純粋さをもつ」ことです。

拍子抜けしたかもしれませんが、子どものような純粋さをもって明るく振る舞うと、「あれ、この人、なんか感じがいいな」となって警戒心は段々と解かれていきます。この子どものような純粋さをもつスキル「子ども擬態」については、次の項で説明します。

営業マンは、自分が思っている以上にお客様に警戒されている。こう思うくらいでちょうどいいのです。

× お客様は営業マンを歓迎している
○ お客様は営業マンを警戒している

人は「純粋さ」に弱い生き物である

明るく振る舞っているはずなのに、なかなかお客様との距離を縮められない営業マンがいます。声は明るくしているし、笑顔も完璧《かんぺき》。それなのに、お客様が警戒心を解かない。

なぜか。それは、「純粋さ」が足りないからです。

人は誰でも純粋な人が好きです。

「あいつ、いいやつだよな」というときの「いいやつ」とは、純粋なやつだ、という意味です。「あんた、いい人だねえ」と思われるくらいの純粋さがもてれば、お客様は警戒心を解いてくれるはずです。

人は初対面の人間をすぐには信用できないものです。お客様はあなたの話す言葉を聞きつつ、「この人はどんな人なのかなあ」と探りながら接触しています。

つまり、**アプローチ段階では、話す言葉の内容以上に、お客様に対してあなた自身の印象をよく見せるほうが大切だということです。**

それには、お客様に対して「純粋に」興味をもつこと。

アプローチ段階では、お客様に心を開いてもらうために質問を繰り出すことがよくありますが、そんなときこそ「あなたのことが知りたいです」「あなたに興味があります」という「純粋さ」を示す絶好のチャンスです。

純粋さのお手本は、子どもです。子どもは目をキラキラさせて、いつも目の前のことに一生懸命。誰も子どもの純粋さは否定することができません。

大人はもう子どものような純粋さはもっていませんが、演技によってそれをカバーすることはできます。相手をまっすぐ見つめて、子どものように目をキラキラさせて、ひたむきに相手の話を聞く「フリ」をしましょう。

これが即決スキル「子ども擬態」です。するとお客様は「こんなに一生懸命で、きっとこの人はいい人ね」と勘違いしてくれるはずです。

笑顔が大切、明るく振る舞おう、と実践しているつもりの営業マンでも、目が笑っていない場合が多々あります。その場合もこの「純粋さ」を意識すると、口だけでなく目も笑えるようになり、さらに体全体でワクワク感を出せるようになるはずです。

電話でアプローチをするときも有効です。笑顔で話すのはもちろん、目をキラキラさせて話そうと心がけることで、お客様への「純粋な興味」が電話越しにも届くのです。

人の気持ちは、映し鏡のように相手に伝わります。

何度もいいますが、アプローチの目的は、お客様の警戒心を解くことです。

お客様は営業マンの子どものような「純粋さ」にふれることで、初めて警戒心を解くものなのです。

✕ 話す内容に気をつけることが大切
○ 子どものような純粋さで話すことが大切

声がけにはウソしか返ってこないと思え

ファーストコンタクトでは、営業マンがお客様に積極的に声をかけていく必要があります。しかしこの声がけに対して、お客様はまともな返事をしません。

まったく急いでいないにもかかわらず「急いでいるので」と言ったり、何の用事もないのに「用事があるので」と言ったりと、ウソをついてきます。

商品が売れる場合も売れない場合も、お客様はとりあえずウソをつく、こう覚えておきましょう。事実、「いらない」と言っていたはずのお客様も、商品を買っていきます。

もちろん、本当に急いでいたり、用事があったりするのかもしれません。しかし、本当にそうなのかな、と少しでも信じてしまうと、営業マンは純粋さを失ってしまいます。

お客様の言葉は、一切信じないでください。そうすることで、お客様の言葉から影響を受けず、子どものような純粋さを失わずにすむのです。朱に交われば赤くなるように、ウソに交わると黒くなってしまいます。

営業マンがもつべきは、五歳の子どもの純粋さです。五歳の子どもは、大人の都合を一切考えません。お客様の断り文句はすべてウソだと思うことで、大人である営業マンも五歳の子どもと同じ純粋さを手に入れることができます。

「またまた〜、ウソだってわかってるんだからね！」とお客様のウソを笑い飛ばせるくらいの明るさと純粋さで「大丈夫です！」「五分だけですのでお願いします」とめげずにアプローチしつづけましょう。どんなにお客様が忙しくても、五分程度であれば時間は取れるはずです。

営業マンがめげないことがわかると、お客様は「不景気なので、お金に余裕がないです」「ウチは貧乏なので、無理です」というように、商談する前から「お金がない」と断ってくることもあります。このような経済的な事情も、すべてウソだと思ってください。

たしかに裕福ではなさそうだ。そのような場合でも、「お金がない人ほど、自分の扱っている商品を買って、幸せになるべきだ」と、プラス思考で解釈する癖をつけましょう。

「お金がない家庭こそ、お子さんには教育という資産を残してあげるべき」「英語力を上げれば会社でも昇進して給料が上がるはず」など、「自社の商品をお客様が買うべき理由」をあらかじめ考えておくのです。「お金がなくてもお客様が買うべき理由」をあらかじめもっておくことで、「お金がない」と言われてもひるまずにすみます。

注意していただきたいのは、このロジックをアプローチ段階でお客様に伝えないようにすることです。たしかにお客様の断り文句を聞くと、「でもね、お客様、こう考えてみてください」と反論したくなります。

しかし、アプローチ段階で議論は厳禁です。「話がわからない人だ」と「敵」としての認定を受けてしまっては、お客様は去ってしまいます。「敵」だと思われないためには、頭の中身も「五歳児」にして、ロジックを封印することです。

ロジックを使って追い込んでいくのは、クロージング段階で行うことです。アプローチでは理論やロジックではなく、純粋さで押すことが大切なのです。

営業マンにとっての真実とは、商品を売るのに役立つこと。「今はいらないです」「急いでいるので」などの都合の悪い言葉はウソ。子どものように真実とウソを自分で決めて、そうだと思い込む。

これこそが営業マンがするべきポジティブ・シンキングです。

✕ お客様の間違いを指摘して問い正す
〇 アプローチでは「五歳児」に徹する

「モチベート」に必要なのは「リアクション力」

「ファーストコンタクト」でお客様が営業マンの話を聞くようになったら、アプローチの第二段階「モチベート」に移りましょう。

アポなしの訪問の場合は、インターフォン越しや、チェーンがかかった状態のドアの隙《すき》間《ま》越しの「距離のある」状態は、まだ第一段階。ドアが開き、フェイストゥフェイスで話せる状態になったら、第二段階の始まりです。

第二段階の「モチベート」とは、文字どおり、お客様のモチベーションを上げることをいいます。営業マンと話を続けていたいという「会話欲求」をもたせることで、お客様が「商品」や「商談」を受け入れる素地をつくっていくのです。

そこで重要なのが、「コミュニケーション能力」です。とはいっても、おもしろい話をする必要はありません。必要なのは「話す力」ではなく「リアクション力」です。なぜなら、人は誰かの話を聞くよりも、自分が話をするほうがより大きな快感を覚えるからです。

ピッチャーとキャッチャーがいるとして、キャッチボールをするときに気持ちいいのはどちらでしょうか？　ピッチャーですよね。キャッチャーは、どれだけピッチャーに気持ちよくボールを投げさせるかを考えます。「バシン！」といい音を立ててミットにボールを収めると、投げているほうは気持ちよくなります。

同じように営業マンも、お客様の言葉のボールを「さすがですね！」と気持ちのいいリアクションでミットに収めることで、お客様は気持ちよくなるのです。

お客様は、自分の話を聞いた営業マンが感動する姿を見て、快感を覚えます。結果的に「この人は話をよく聞いてくれる、いいやつだ」と営業マンを認め、警戒心を解くのです。

リアクションを取るときのポイントは、「表情」です。感情は「表情」で伝わります。そのためには、「言葉」と「表情」とをセットで練習するとよいでしょう。

まずは次にあげる即決スキル「さしすせそリアクション」で「言葉」と「表情」を連動させる練習をしましょう。

（さ）さすがですね！（感心の表情で）
（し）知らなかったです！（驚きの表情で）
（す）すごい……（感嘆の表情で）
（せ）センスありますね！（尊敬のまなざしで）
（そ）そうだったんですね！（共感の表情で）

ポイントは、言葉に強弱をつけてリズムを出すことです。すると、感情を込めやすくなり、表情もつくりやすくなります。

ここでも子どものような「純粋さ」を示すことも忘れないでください。もちろん、明るく振る舞うことは大前提の話です。

これらのリアクションがしっかりできるようになると、お客様は「こんなに話しやすいのは初めてだ」と感じるようになります。お客様が快感を覚えるようになったら、あとは「もっとくわしく教えてもらっていいですか?」などと話を促す質問をするだけで、いつまでも話してくれるでしょう。

ここまでマスターできたら、あとは言葉なしで表情をつくる練習をしていきます。表情をつくるポイントは、「目」にあります。私はよく「営業マンは目で殺せ」と言うのですが、目ほど伝わるものはありません。

びっくりしたら、目を通常よりも大きく開く。

悲しいことを言われたら、目を細めて目線を下げる。

考えるときには、上を見上げる。

真剣に話を聞くときは、相手の目の奥をじーっと見つめる。

困ったときは、まばたきを繰り返す。

目で表情をつくっていない営業マンは、本音がお客様にダダ漏れになっていると考えたほうがいいでしょう。何を考えているかが目を通じてお客様にばれてしまうからです。

したがって、お客様の話に興味がもてないときこそ、目で表情をつくり、効果的なリアクションを取ることで、本心を隠していかなければならないのです。

× おもしろい話ができなければいけない
○ 話す内容より、聞く表情、とくに目が重要

「商品に関係したクイズ」で「好奇心」を刺激せよ

リアクション力を発揮するには、お客様に何か問いかけて、言葉を引き出さなければなりません。もしお客様が自分と共通の趣味をもっていることがわかれば、その話題で盛り上がることができます。

このようにお客様と「仲良く」なることで「心の玄関突破」をする営業マンがいます。たしかに共通の趣味などを見つけることで仲良くなることは、アプローチでは有効な手法です。しかし、毎回、共通の趣味が見つかるとはかぎりません。

そのため営業マンのなかには、スポーツ新聞をたくさんチェックしてあらゆるスポーツにくわしくなろうとしたり、テレビドラマをすべて録画して視聴したりと、涙ぐましい努力をする人もいます。このような努力は認めますが、それらに時間が割かれることで、営

業する時間や営業の練習時間が減ってしまっては本末転倒です。

効率がよいのは、どんな相手にも通用する「共通のネタ」を用意することです。それは、自社商品に関係することで、なおかつお客様の「好奇心」を刺激するネタです。

それを、質問形式で話題にします。人は、質問をされるとその答えを出したくなる生き物です。さらに、自分の好奇心を刺激されるようなクイズであればあるほど、答えが知りたくてたまらなくなります。そのため、会話を続けざるをえなくなるのです。

お子さんが受験を控えているご家庭に学習教材の営業をするのであれば、「センター試験の内容が一新されるのをご存じですか？」と聞く。

ぱっとしないホームページの会社にホームページ制作の営業をするのであれば、「グーグルがホームページの評価方法を一新したのをご存じですか？」と聞く。

不動産投資の営業であれば、「全国でもっとも儲《もう》かる物件が多い地域をご存じですか？」と聞く……。

お客様の趣味によらない、あくまで自社商品に関連したネタを用意しておくのです。

こうしてクイズを出しておいて、お客様の答えに応じて適切なリアクションを取っていき、会話を続けていきます。すると、お客様は商品にだんだん興味をもっていき、自然と商談へと誘導しやすくなるのです。

商品に関連したネタであれば、情報収集も効率よく行えます。新聞・雑誌・ネットニュースなどを調べて、どのネタがお客様にヒットしやすいか、実践のなかで試し、反応のよいものを見つけましょう。

× アプローチするたびに、お客様と共通の趣味を探し出す
○ アプローチの前に、好奇心をそそる自社商品ネタを用意する

なぜ、お客様と雑談で盛り上がっても売れないのか？

アプローチ段階でお客様と趣味の話などで盛り上がることはできても、契約が全然取れない営業マンがいます。

それは、「買うための理由」に誘導できていないから。お客様の言葉に同意しているだけで、自社商品を売るための「販売方程式」を使っていないのです。

販売方程式とは、「契約」＝「お客様のエラー」×「商品への誘導」という単純な方程式です。

エラーとは、お客様の抱えている問題のこと。もしお客様が、子どもの成績を心配して

いたとしたら、それがエラーです。

たとえば、「契約」＝「子どもの成績が心配」×「家庭教師サービスへの誘導」といった形です。子どもの成績が心配ではない親御さんなどいません。つまり、これは誰にでも当てはまる鉄板の共通方程式です。この方程式を使って、

「ところで、お子さんにはどんな大学に進学してもらいたいと思いますか？」

「就職に有利な大学に行くには、今の成績のままで十分でしょうか？」

といったあらかじめ用意しておいた質問をさりげなく繰り出して会話のキャッチボールを続けていくだけで、売ろうとしている商品へと興味を誘導できるのです。

このようなお客様のエラーを引き出すための質問を、私は「時限質問」と呼んでいます。時限質問は、アプローチ段階からスキを見てさりげなく投げかけていきましょう。

もしお客様が自分の期待する反応をしたら、時限質問は時限爆弾へと変わります。のちのクロージング段階で、「先日、お子さんの教育には一千万円以上の価値がある、とおっしゃいましたよね。ならばローンを組んででもお子さんに投資をするべきです」というように、お客様の答えを用いて、「お客様が買うべき論理」を展開するのです。

ただし、この時限質問は、お客様が営業マンへの警戒心を十分に解いてからにすることを忘れないでください。

✕ 雑談で盛り上がれば、商品は売れる
〇 「販売方程式」を用いれば、商品は売れる

「どうでもいい話」には同意せよ

お客様と会話が続くようになると、お客様が「どうでもいい話」を始めることがあります。明日は雨になるらしい、などの天気の話題。政治家が脱税していた、などの政治の話題。芸能人同士の結婚や離婚などの芸能の話題……。

これらは営業マンからすれば、商品を売る「営業」の仕事とは関係のない「どうでもいい話」です。「ああ、話が脱線しちゃったなあ」と、ネガティブに感じるかもしれません。

しかし、思い出してください。アプローチの目的は、「お客様の警戒心を解くこと」でしたね。たとえ脱線した話であっても、お客様は話したほうが警戒心を解いてくれます。

名キャッチャーは、ピッチャーがボール球を投げても、さもストライクかのように平然と捕ります。ときには審判の目をもごまかしてしまうことすらあります。同じように営業マンも、お客様がボール球を投げたとしても、ストライクとして受け止めるべきなのです。

つまり、お客様が気持ちよく話しつづけられるようにするということです。

たとえば、営業マンが「今日は大阪から来ました。いや〜遠かったです」と地域の話題を出したとします。

「そういえば大阪に行ったとき、たこ焼きを食べたんですけど……」

「大阪のたこ焼きがおいしくなかったんです」

「たこ焼きって東京のほうがおいしいですよ」

このように、お客様が話を脱線させることがあります。

このとき、大阪出身の営業マンだと、ついつい大阪を否定されたと思ってしまい、「いやいやいやいや、何言うてますの？」「大阪のほうがおいしいに決まってますよお客さん！」とリアクションしてしまいがちですが、これではいけません。

正解は、「わかります。僕も大阪でまずいたこ焼き屋に当たったことありますもん」と、悲しい表情で「一〇〇％の同意」を示すことです。

一〇〇％の同意とは、相手に「私はあなたと同じ意見だよ」ということをしっかりと伝えるということです。

お客様を否定してしまってはお客様を怒らせてしまいますし、商品と関係のない話題で言い争っても意味はないのです。「たこ焼きの本当のおいしさを、あなたはまだ知らないだけです」と熱弁しても、気持ちよくなるのは営業マンであって、お客様ではありません。

脳科学によると、人は誰かの話を聞いているとき、「これは正しい」「これは間違い」と、相手の話の一つひとつに対して、「正解」か「不正解」かを判断しながら聞いているそうです。営業マンも「正解」か「不正解」か、無意識に判断してしまうのはしかたがありません。しかし、たとえお客様の話を「不正解」と判断したとしても、「正解」と同じリアクションが瞬時に出せるよう、練習しておく必要があるのです。

「不正解」に対して「正解」のリアクションを取れるようになれば、会話が途切れることがなくなり、話のリズムもどんどん弾み、お客様は警戒心を解いていってくれます。警戒心が解ければ解けるほど、この後に続くアポ設定の成功確率が上がっていきます。

お客様の「どうでもいい話」とは戦わずに、一〇〇％の同意を示すリアクションを取っていきましょう。

✕　お客様の言葉に同意できないときは、反論する
○　お客様の言葉に同意できないときも、一〇〇％の同意を示す

アポ設定は「ほぐし」を終えてから挑む

お客様が商品と関係のない「どうでもいい話」をしたり、あるいは商品に関係のある話でもお客様自ら積極的に話すようになったりしたら、それは「心の玄関」が開いているサインです。そして、どうぞ中へお入りください、とお客様自らが招き入れてくれるようになります。

迷わず第三段階の「アポ設定」へと移りましょう。

このとき、アポ設定へと移るタイミングが重要です。それは、お客様が気持ちよく話している「途中」で切り上げることです。お客様を気持ちよくさせてからアポ設定に入ることを、即決スキル「ほぐし」と呼んでいます。

ラーメンやパスタなど、麺《めん》をゆでるときには麺と麺がくっついてしまわないように、ほぐしながらお湯に入れますよね。同じように、**アポ設定をするときには、お客様の心が固まらないようにほぐしてからにすることで、お客様はアポを受け入れやすくなるのです。**

もしお客様が気持ちよく話せる状態になっていないのにアポ設定をしようとすると、お客様からは「自分勝手な営業マンだ」と思われてしまいます。

ただし、だからといってお客様に話し疲れるまで話をさせて、「もう十分に話した」と、満足させてはいけません。

このどちらでもなく、「まだ話し足りないのにな」と思わせるくらいのタイミングで商談のアポ取りへと移っていったほうが、お客様に「少し話し足りないけど、続きは次のときに話そう」と思わせることができるのです。

お客様の「話し足りない」という状態を、私はよくパスタをゆでることにたとえてお伝えしています。ゆですぎると、パスタは伸びて歯ごたえがなくなり、おいしくありません。逆にゆで時間が短いと、パスタに硬い芯《しん》が残り、かむのが大変です。

パスタのちょうどいいゆで加減は「アルデンテ」。アプローチでも同じように、お客様に話をさせすぎず、ちょうどよい「話させ加減」のアルデンテでアポ設定に移れば、簡単にアポが決まるでしょう。

これを私は「アルデンテ理論」と呼んでいます。かつては「寸止め理論」と呼んでいたのですが、寸止めのイメージではやりすぎてしまう営業マンが続出したため、たびたびチェックしながらゆでるイメージがもてる「アルデンテ理論」に名前を変えました。

アルデンテかどうかは、お客様の笑顔の有無でわかります。電話の場合は笑顔かどうかが見えないので、リラックスしているかどうかをお客様の吐息や声のトーンなどから感じとってください。慣れてくると、自然ところ合いがつかめるようになってくるでしょう。

× お客様には、話したいだけ話させたほうがよい

○ お客様には、「まだ話したい！」と思わせるくらいがよい

お客様が商品をほしがる理由「三つのK」

お客様をアルデンテにほぐしたら、いよいよ本格的に第三段階のアポ設定に入っていきます。

アポ設定ではまず、お客様に「商品」の存在を明確に伝えます。このとき、お客様に「商品」に対する購買欲求をもたせることが大切です。

人の購買欲求には「三つのK」があります。それは、「好奇心」「快楽」「危険回避」の三つです。

「好奇心」とは、「見てみたい」「聞いてみたい」「読んでみたい」などの「〇〇してみたい」「未知の体験をしたい」という欲求です。遊園地や水族館などのアミューズメント施設は、「好奇心」を利用した代表的なものだといえるでしょう。

「快楽」とは、「おいしい」「気持ちいい」「心地よい」などの快感を得たいという欲求です。レストランは「食欲」、温泉は「リラックス」などの「快楽」を利用した商品の典型です。

「危険回避」とは、「安全でいたい」「安心していたい」などの、危険な状態から逃れたいという欲求です。実は、高額商品のほとんどは、この「危険回避」を利用した商品です。

わかりやすいのは、生命保険でしょう。生命保険は、「万が一」のときのためのサービスですから、何も起こらないかぎり、お客様はサービスを受けることがありません。お客様は「万が一」のときの危険を回避するために、お金を払いつづけているのです。

他にも、コンプレックスを刺激する商品は、危険回避の商品だといえます。

「今のまま太っている状態だと、危険ですよ」

「今のままの成績だと、危険ですよ」

「英語ができないままだと、危険ですよ」

このように、自社商品がどの欲求を刺激するものなのか理解しておくことで、お客様にどのように商品を提示すれば、購買欲求をもってもらいやすいのかが見えてきます。

×　お客様が商品に関心をもたないのは、商品が悪いから

○　お客様が商品に関心をもたないのは、欲求をもたせていないから

「そんなバカな！」と思わせるアプローチは成功する

アポ設定でお客様に「商品」の存在を伝え、購買欲求を刺激する際に重要なのが、「お客様の声の実演」です。

たとえば、家庭教師サービスについて紹介したあとに、「こんなにすごい家庭教師センターがあっただなんて！」「だったら、もっと早くお願いしておけばよかった！」「こんなに点数が上がったわ！」といったお客様の声を、営業マンが感情を込めて実演するのです。

不動産の場合には、「こんなにいい物件が見つかるだなんて！」という声。

美容エステの場合には、「こんなにお肌がツルツルになるだなんて！」という感想。

どんな業種であっても、感情を込めた実演は可能です。

もしお客様が「本当にそんな商品があるの？」と聞いてきたら、チャンスです。「はい、あります！　きっとびっくりなさいますよ！」と、ノリノリの感情を込めて返しましょう。

このようにお客様の好奇心を揺さぶることを、私は「揺さぶり」と呼んでいます「すごい」「もっと」「こんなに」などの、度合いを示す言葉に感情を込めれば込めるほど、お客様の好奇心は揺さぶられます。

このとき、根拠は説明しないことがポイントです。「本当にそんな商品があるの？」という好奇心をもたせて、「話を聞いて確かめたい！」という目的意識を植えつけておくだけでOK。ここで根拠を説明してしまっては、お客様の「本当かどうか確かめたい！」という好奇心をその場で満たしてしまい、「なんだ、その程度か」と思われてアポにつながらなくなってしまうからです。なぜそんなにすごいのか、という具体的な根拠の説明をするのは、プレゼンテーションのときでいいのです。

商品について「好奇心」をもたせられれば、お客様も話の続きが聞きたくなるので、アポ設定がスムーズに進むようになるでしょう。

この「お客様の声の実演」がうまい営業マンは、商談の約束がバンバン取れます。我が社では、営業マンに対して「ここは劇団だと思え」と言って、お客様の声の実演を徹底的に練習するように伝えています。わずか一言、二言のセリフにどれだけ感情が込められるかで、商談の約束が取れるかどうかが決まるからです。

自分のセリフではなく、あくまでお客様のセリフなので、演技はしやすいはず。思いっきり感情を込めることで、お客様に「そんなバカな!?」と思わせましょう。

× 商品についての説明をしてからアポ設定に移る
○ 商品についての興味をもたせてからアポ設定に移る

アポは「二者択一」で設定せよ

お客様に対して「お客様の声の実演」で揺さぶりをかけたあとは、実際にアポイントの約束を取りつけましょう。このとき、やってはいけないことがあります。それは、「くわしくご説明しますので、お会いしませんか？」とお客様に聞いてしまうことです。

男性が女性に対して「キスしてもいい？」と聞くのは、ムードを壊し女性から言い訳を奪う野暮な行為です。同じように、「商談しませんか？」と営業マンが聞くのも、野暮なのです。

いくら商品に興味をもったお客様であっても、商談しませんかと言われて「いいですよ」とは答えにくいものです。なぜなら、先述したように、営業マンが扱う商品の多くは、お客様のコンプレックスを解消するような「危険回避」の商品だからです。

「あなたは育毛に興味がありますか？」「あなたはダイエットに興味がありますか？」「あなたは年収アップに興味がありますか？」と聞かれても、「はい。興味があります」と素直に答える人はなかなかいないのです。

男性が女性にキスを迫るとき、「キスしてもいい？」と聞かずにゆっくりと顔を近づけたほうが、女性は「迫られたので、許してしまった」という言い訳ができます。

同じように、営業マンもお客様に対しては、何も言わずにアポ設定を始めるべきなのです。このとき、ゆっくりと顔を近づけるのと同様に、ゆっくりとアポ設定をすることが大切です。

それが、即決スキル「二者択一」による方法です。

二者択一は、喫茶店でよく使われています。

店　員「コーヒーと紅茶、どちらになさいますか？」

お客様「ではコーヒーで」

店　員「ホットとアイス、どちらになさいますか？」

お客様「ではホットで」

このように、**常に二つの選択肢を与える質問が「二者択一」です。この二者択一には、「ノー」という選択肢がないため、お客様を逃がさないための絶好のテクニックなのです。**

二者択一とセットで使うと有効なのが、即決スキル「仮定法」です。

「もしくわしくお話を聞くとしたら、土日と平日と、どっちがいいですか？」と、あくまで仮の話として、断れる余地を残しつつ聞くのです。

お客様が平日を選択したら、「では明日の木曜日か、あさっての金曜日ならば、どちらがよろしいですか？」とさらに二者択一で聞いていきます。

さらにお客様が木曜日を選択したら、「木曜日でしたら、夕方四時、もしくは夜の八時、どちらがご都合がよいですか？」と、徐々に選択肢を具体的にしていきましょう。

二者択一でよくある間違いが、いきなり具体的な質問をしてしまうことです。

「明日木曜日の夜八時と、あさって金曜日の夜八時ならば、どちらがよろしいですか？」と、お客様に時間まで細かく提案をしてしまってはいけません。

これではまるで、「レモンティーとアイスコーヒー、どちらがよろしいですか？」といきなり聞く店員のようなものです。「会うなんて一言も言っていませんけど？」とお客様を怒らせてしまいます。

まずは「もし会うとしたら、平日か土日か」というざっくりとした聞き方から始め、「木曜か金曜」「四時か八時」というように徐々に具体的な選択肢にしていきましょう。

✕ 商談の約束は、いきなり日程を具体的に提案する
○ 商談の約束は、まずは日程を曖昧《あいまい》にして誘導する

アポを拒まれたら「決め打ち」に移行せよ

二者択一でアポを設定していくと、「そんなに気にしていませんので」「他で間に合っていますから」などと、アポを拒まれることがあります。

しかし本当は、お客様は「好奇心」を刺激されて、「商品を見てみたい」と思っているはずです。ですので、お客様が「興味はありません」と断ってきても、それを信じてはいけません。めげずに「再アタック」することが大切です。

再アタックでは、「二者択一」は捨てて、「決め打ち」を使いましょう。

「決め打ち」とは、アポの日時をお客様に相談することなく、勝手に決めてお客様に提示することです。しかし、理由もなしに決め打ちしては、お客様は「なんであんたが勝手に決めるの！」と怒ります。

そこで参考になるのが、「カチッ・サー効果」です。これは心理学者のエレン・ランガーらが実験により見いだしたものです。その実験とは、コピー機の順番待ちをしている人に、三通りの方法で順番を譲ってくれるようにお願いをする、というもの。

一つ目は、要求のみを伝えるという方法です。「すみません、先にコピーを取らせてもらえませんか？」というようにお願いすると、順番を変わってくれた人は六〇％でした。

二つ目は、理由をつけて要求を伝えるという方法です。「すみません、急いでいるので先にコピーを取らせてもらえませんか？」というように、「急いでいるので」と理由をつけてお願いしたところ、変わってくれた人は九四％にまで上がりました。

さらにおもしろいのは、三つ目です。

「すみません、コピーを取らなければいけないので、先にコピーを取らせてもらえませんか？」と、「コピーを取らなければいけないので」という理由になっていない理由を付け足したのです。理由になっていない理由にもかかわらず、変わってくれた人は九三％と、二つ目の「急いでいるので」という理由をつけたときとほぼ同じ結果が出たのです。

つまり、仮に屁《へ》理屈のような理由だったとしても、理由をつけて要求をしたほうがよい、ということです。たとえば「平日と土日、どちらがよろしいですか？」とお客様に二者択一で迫り、「いえいえ、興味がないので」と断られたとします。

このとき、「そうなんですね」といったんはお客様の言葉に「同意」し、受け止めたうえで、「明日は私、ちょうど近くを回っているので」と「理由」を付け足し、「明日の夜八時にちらっと寄りますので、もしよかったら話を聞いてみてください」と、「決め打ち」でアポ設定するのです。これで、意外なほどアポが取れます。

アポを断られたら、「同意」＋「理由」＋「決め打ち」と覚えておきましょう。

決め打ちのポイントは、なるべく軽い要求に聞こえるように工夫することです。「ちらっと寄る」「もしよかったら」「話を聞いてみてください」などのように、「明日の夜八時」の言葉のあとに、要求の軽さを演出する言葉をいくつも付け足すとよいでしょう。

× アポを断られたら、あきらめる
○ アポを断られたら、「決め打ち」で迫る

「決め打ち」は、断られても三回までは繰り返してOK

アポはまず、「二者択一」で迫る。断られたら、「決め打ち」に移行する。

それでもお客様は、「でも忙しいので」と断ってくることがあります。この断り文句に対しては、三回まではめげずにアポをすすめてOKです。

野球のバッターボックスに立って、一回もバットを振らないのでは、ヒットになりようがありません。必ず三回はバットを振る。これが即決スキル「三スイング」です。

完全なる経験則ではありますが、三回までなら決め打ちしてもお客様は怒りません。仏の顔も三度までといいますが、お客様の顔も三度までならOKなのです。

「そこまで言うならしかたがないなあ。じゃあ話を聞いてみます」と、決め打ちを三回することでアポイントを承諾してもらえるケースが結構多いのです。

弊社の場合、「アポは三回すすめる」をルール化しています。三回すすめても断ってくるお客様は、本当に興味がないということで、あきらめましょう。

相手が本当にイヤがっているのか、もしくは、本当は興味があるのに興味がないフリをしているのか。それは、何度も迫ってみなければわからないものです。

お客様の本心は、言葉ではなく行動に表れます。興味があれば、三回決め打ちする間に商談を受け入れるはずですし、もしよほど拒まれたなら、お客様に興味がなかったということです。

お客様が「興味はありません」と言ってきたとしても、「このお客様は恥ずかしがり屋さんなんだな」と決めつけて、「三回連続しておすすめしてみる」ということをやってみてください。「イヤよイヤよも好きのうち」です。色男と営業マンは、少々強引なほうがモテるのです。

お客様の言葉をすんなりと受け入れず、三回は「同意」＋「理由」＋「決め打ち」を行う。そうすれば、アポ設定の成功確率は劇的に上がっていくことでしょう。

× お客様の「興味がない」は本音
○ お客様の「興味がない」は恥ずかしがっているだけ

「三杯のお茶理論」で抵抗を切り返す

拒まれても、三回はアポをすすめる即決スキル「三スイング」。この際、「同意」＋「理由」＋「決め打ち」を盛り込む、とお伝えしました。

「同意」と「決め打ち」は、一回目と同じ言葉でかまいません。重要なのは、「理由」です。この「理由」は、お客様の言葉に合わせて繰り出しましょう。

人は、自分に合わせて対応されると、感動する生き物です。長浜城主時代の秀吉も、そんな感動から、ただの通りすがりの寺にいた少年を家来にしたという逸話が残っています。

鷹狩《たかが》りの帰りに喉《のど》の渇きを覚えた秀吉は、近くの寺に寄って飲み物を求めました。応対に出た少年は、一杯目は「大きな茶碗《ちゃわん》」に「ぬるい茶」をなみなみと注ぎ、二杯目は「中ぐらいの茶碗」に「やや熱めの茶」を、三杯目は「小さい茶碗」に「熱々の茶」を出したことで、秀吉をたいそう喜ばせたそうです。この少年は、のちに大名となり、豊臣政権の五奉行まで務めた石田三成です。

お客様も、営業という仕事が難しい仕事だということはわかっています。過去に似たような営業を受けて、取ってつけたような理由で追い返したこともあるかもしれません。そんなときに、三回も鮮やかに切り返されたら、「お見事！」と感心して、喜んでアポを受け入れてくれることもあるのです。これを私は、「三杯のお茶理論」と呼んでいます。

ここでは、代表的なお客様の断り文句に合わせた「理由」の繰り出し方をお伝えします。

【もしお客様に「忙しい」と断られたら↓「短時間」だと伝える】

お客様に「忙しいので」などと断られたときには、「短時間」であることを理由として繰り出しましょう。「ちらっと寄りますので」「お話を少し聞くだけでかまいませんので」などと、時間が短い印象を与えると効果的です。

【もしお客様に「またの機会に」と断られたら↓「今だけ」だと伝える】

お客様に「今はいいです」などと先送りされた場合には、「今だけ」であることを理由として繰り出しましょう。「今週だけ行っているキャンペーンですので」「先着百名様限定ですので」などといった、限定感を伝えます。

【もしお客様に「結構です」と断られたら↓「みなさんにも聞いてもらっている」と伝える】

お客様に「結構です」と理由もなしに断られたら、「他者」を理由にしましょう。「みなさんにも聞いてもらっていますので」「お隣さんにも聞いてもらいますので」などと、同調圧力を利用するのです。

このように、短時間を理由にすることを「ちょっとだけ押し」、期間限定を理由にすることを「今回だけ押し」、同調圧力を理由にすることを「みなさん押し」と呼んでいます。

これらの理由はクロージングで使うには弱すぎますが、アポイントを取るときには十分有効です。営業にかぎらず幅広く使えるため、練習だと思って日常生活でも使ってみるといいでしょう。

この三種類の理由さえマスターしておけば、どう断られたとしても、ほとんどの場面で対応できるようになるはずです。

× アポの断り文句をすべて切り返すのは無理

○ 三つの理由さえあれば、アポの断り文句は切り返せる

アポの約束は「追加依頼」で重くするのが鉄則

アプローチの最終段階が、「フォローアップ」です。**フォローアップでは、お客様のアポに対する「軽い」気持ちを「重く」し、約束を守らなくてはならないと感じさせることが大切です。**

ただ、それだけだとお客様の気が重くなりすぎてしまい、肝心な商談時に居留守などを使われる可能性もあるため、アポを楽しみに思ってもらうことも大切です。

この二つのポイントをクリアするための即決スキルをお伝えします。

たとえばコンビニでアルバイトの面接をする際に、「では、あさっての夜八時に来てくださいね」と、日時だけの合意に至ったとします。この状態が、いわば営業マンがひとまずアポ設定をしたのと同じような状態です。

ただ、この段階では日時しか約束していませんので、「すみません、急用ができたのでまたにさせてください」とキャンセルされやすい。いわば、「軽い約束」の状態だといえるでしょう。そこでキャンセル防止のために、「軽い約束」を「重い約束」へと変えていきます。

「あさっての八時に来てくださいね」

「はい」

「あさっては履歴書を持ってきてくださいね」

「はい」

「スーツを着てきてくださいね」

「はい」

「五分前にはいらしてくださいね」

「はい」

このように、面接の日時が決まったあとに約束の数を増やしていくことで、約束が重くなり、「今さら断れないな」と感じさせることができます。アルバイト募集のチラシには面接のときの持ち物やスーツのことなどには一切ふれずに応募しやすくしておいて、いざ応募したあとになって、追加で依頼をして約束を重くするという方法です。

同じように営業マンも、まずはアポイントを取ること。そのあとでお客様に対して追加で依頼をすることで、キャンセル防止をすることができます。

これが即決スキル「追加依頼」です。**お客様への追加依頼としては、「当日やること」「料金説明」「同席者」「即決依頼」の四つがあります。**

「当日やること」とは、当日の流れや、体験できる内容をあらかじめ伝えておくことです。

これは暗にお客様に対して「事前にこれをやると伝えていたので、商談の時間が多少長くなったとしてもかまいませんよね」という了承を取っていることになります。

「料金説明」とは、お客様に事前に料金を伝えることです。これにより、営業目的であることの了承を取ったことになります。

「同席者」とは、商談に同席してほしい人をピックアップしておくこと。とくに、「決裁者の同席」を求めておくことが大切です。「ご契約後は料金がかかることですので、お父様の同席もお願いします」などと、決裁者の同席もお願いすることで、商談での断り文句「自分一人では決められません」を先回りで防ぐ目的もあります。

最後の「即決依頼」とは、商談の日に、その場で契約するかしないかを「即決」してくださいね、という承諾を取ることです。これが一番のポイントですね。

家庭教師サービスのアポイントの場合では、次のようになります。

- 「当日は簡単な問題を出しますので」（当日やること）
- 「お子さんにも同席するようにおっしゃってください」（同席者）
- 「スタートしたときには、おおよそ月額二万円プラス教材費がかかります」（料金説明）
- 「お金がかかることですので、お父様の同席もお願いします」（決裁者の同席）
- 「もし問題がなければ、この機会にお子さんを応援してあげてくださいね」（即決依頼）

このようにテンポよく説明することで、お客様は「はい」「はい」と答えざるをえなくなります。

アポは取ったら、必ず重くする。

これを忘れないようにしてください。

× 軽い約束のほうが守ってもらいやすい
○ 軽い約束は簡単に破られる

アプローチは「好奇心」で締めろ

あなたは、毎週楽しみにしているテレビ番組がありますか？「この先、どうなっちゃうんだろう」と次回が楽しみになるテレビ番組には、必ずといっていいほど理由があります。

それは、最後の場面が好奇心をもてるようにつくられていることです。

連続ドラマであれば、次の展開が気になるシーンで終わったり、予告という形で次回をチラ見せして好奇心をあおったりしているはずです。このように、テレビはもちろん、漫画や小説なども、最後は好奇心を刺激して締めくくるのが定石なのです。

同じように、**アプローチでも最後はお客様に好奇心をもたせて終えるのが、プロの営業マンです。**

「好奇心」をもたせるテクニックはいくつかありますが、テレアポの場合は「似ている芸能人」を使ったテクニックが使いやすいでしょう。

たとえばお客様が女性で、営業マンが男性の場合、「お客様、福山雅治と木村拓哉ではどちらが好きですか？」「私はよく、福山雅治に似ていると言われます」「ただ、眉毛《まゆげ》がめっちゃ似てるんで、期待していてください」などと言って、お客様の興味を引くのです。

「玄関を開けると、『あれ？　福山雅治さん？　いや、堀口さんだった』というように間違える方もいらっしゃるので、ちょっと期待していてくださいね」などと当日のシミュレーションをすると、ほとんどのお客様には笑っていただけます。

「似ている芸能人」のテクニックが使えない場合は、「好き」のテクニックが効果的です。

「僕、きっとお客様と気が合うと思います」「お会いすること、すごく楽しみです」と、あなたに興味があります、あなたのことが好きです、ということを伝えておくのです。

たとえばあなたが男性で、どうやら美人らしい女性の営業マンが来てくれると言われたら、当日が楽しみになりますよね。しかも、「あなたに興味があります」と言われたら、ちょっとワクワクしませんか？

こうしてお客様にとって面倒くさかった商談は、楽しみへと変わるのです。

相手が男性で、訪問する自分も男性である場合は、「うちの女子社員は美人ぞろいですよ」などと、美人がいることを匂《にお》わせましょう。商談のときに会わせることができないとしても、会社の印象が「美人がいる会社」となって、商談を楽しみにしてもらうことができます。

このようにアプローチの最後は「ワクワク」で終われるよう、ネタを仕込んでおきましょう。

✕ お客様には、「義務感」で約束を守らせる
○ お客様には、「好奇心」で約束を楽しみにしてもらう

第3章

商品の価値を納得させる「即決」プレゼンテーション

商談に臨むためには、徹底的な練習が必要

何十人、何百人とアプローチをして、やっと何人かのお客様が商談に応じてくれます。商談できること、ただそれだけで営業マンは感情が高まり、うれしくなります。

もし商談で成功すれば狂喜乱舞、お祝いです。

一方で、失敗すれば泣き悲しみ、心は粉々に砕け散ります。

だからこそ商談には、あらかじめ練習に練習を重ねて臨むべきです。どれくらい練習をするべきか。それは、ピアニストがコンクールで賞を狙《ねら》いにいくくらいです。

ピアニストは、当日演奏する曲の楽譜を読み込みます。そうすることで、なぜここでこの音なのかという作曲者の意図までをもくみ取るのです。

そしてもちろん、楽譜を見なくても弾けるようになるまで、何度も何度も鍵盤《けんばん》をたたいて練習します。

同じように営業マンも、商談にあたっては楽譜を読み込む必要があるのです。

では、何をどのように練習しておけばよいのでしょうか。

まずは商談の全体の流れについて理解しておきましょう。商談には、プレゼンテーションとクロージングの二段階があると考えてください。さらに、プレゼンテーションを細か

く分けると次の四段階になります。

（1）アンケート
（2）ファーストクロージング
（3）商品説明
（4）セミクロージング

プレゼンテーションというと「商品説明」に頭が向いてしまいがちです。しかし、お客様には商品説明以外にも伝えるべきことがある。

それが「アンケート」「ファーストクロージング」「セミクロージング」の三つです。プレゼンテーションは、商品説明だけを練習すればいいわけではないのです。

× プレゼンテーションとは、「商品説明」のこと
○ プレゼンテーションには、大事なことが四つある

プレゼンテーションはクロージングの伏線を張る作業である

「さあ、本日ご紹介するのはこの商品です！」という言葉から始まるテレビの通販番組には、商品説明のプレゼンしかありません。それにもかかわらず、テレビを見ている視聴者のうちの何パーセントかは、自ら電話をかけて商品を購入します。

ということは、商品説明がうまければものは売れる……。

もしあなたがこのように考えていたとしたら、間違いです。

三十万円を超えるような高額商品は、商品説明をして商品の価値を納得してもらうだけでは、お客様は買う決断ができません。その証拠に、テレビ通販の商品の多くは高くとも十万円前後までで、三十万円以上の商品はあまり見当たりません。三十万円以上の高額商品は、クロージングをするからこそ売れるのです。

どんなに感動的でわかりやすいプレゼンテーションをしたとしても、クロージングで失敗すれば、意味がないのです。

では、プレゼンテーションは重要ではないのでしょうか。

そうではありません。**クロージングを成功させるための伏線として、プレゼンテーションは重要なのです。**

プレゼンテーションには四段階があるとお伝えしました。「アンケート」「ファーストクロージング」「商品説明」「セミクロージング」。これらすべては、クロージングのための伏線となっているのです。

一つ目の伏線は、「アンケート」です。ここでは、お客様の悩みを集めることで、クロージングの際にお客様の悩みを突いて契約を迫ることができるようになります。

二つ目の伏線は、「ファーストクロージング」。これは、「プレゼンテーションが終わったら、買うか買わないかを決めてくださいね」という「即決する約束」を取りつけるということです。この「即決する約束」をあらかじめしておくことで、「考えます」と言って逃げようとしたお客様を追い込むことができるようになります。

三つ目の伏線が「商品説明」です。商品説明では、お客様に商品のよさを伝え、納得させることに集中します。お客様は「商品がよくないから買いません」と商品の質を理由にして買わないとは言えなくなります。

最後の伏線が「セミクロージング」です。セミクロージングとは、他社料金の提示。これにより、お客様は「高いので買いません」と値段を理由に逃げられなくなります。

このように、プレゼンテーションとは、クロージングでお客様を即決へと誘導するための伏線なのです。しっかりと伏線を張ることで、クロージングで伏線を回収し、即決が取れるようになるのです。
それでは次項より四つの段階をくわしく説明していきましょう。

× 商品説明がうまければクロージングなしでも売れる
○ 伏線を張るからクロージングで売れやすくなる

「アンケート」でお客様の悩みを集めておく

プレゼンテーションの第一段階が、「アンケート」です。プレゼンテーションはクロージングのための伏線を張る作業だとお伝えしましたが、アンケートにはもう一つの目的があります。

それは、お客様をリラックスさせることです。見知らぬ人間と話すわけですから、いくらアプローチ段階で心の玄関を突破していたとしても、再度お客様の心の玄関を開けなおすくらいの気持ちをもっていたほうがよいでしょう。

そのために効果的なのが、アンケートです。

アンケートといっても、用紙を渡してお客様に書いてもらうのではなく、口頭で営業マンが質問をして、お客様の口を開かせるのです。お客様は、口を開いて話すことで、気持ちがほぐれていきます。

さらに、「初めに、いくつか質問してもよろしいですか？」と聞くよりも、「まずは簡単なアンケートをお願いしています」と伝えたほうが「全員に聞いている」というニュアンスになり、お客様は答えてくれやすくなります。

この際、営業マンは手元の紙やメモ帳にペンを走らせながら聞くことで、アンケートらしさを出せるとともに、お客様に「この人は自分の話をしっかりと聞いてくれている」と快の感情を抱かせることができます。アンケートといいながら、まるで取材のようにペンを走らせながら聞く。これが即決スキル「聞き出し」です。

アンケートには、お客様をほぐす目的以外に、もう一つ別の目的があります。それは、クロージングのために、お客様の悩みを収集しておくことです。

プレゼンのあとのクロージングでは、お客様のもっている「商品を買わない理由」をすべて「商品を買う理由」へとひっくり返す必要があります。そこで、そのための材料をアンケートで収集しておくのです。

そのためには「なぜ今回、話を聞こうと思いましたか？」といった、あらかじめ決められた定型質問だけでなく、お客様に合わせて質問を投げかけることが大切です。

とくにお客様が答えにくい質問は、お客様が気持ちよく話した直後にするのがベスト。

「さすがです！（感心の表情で）」などとリアクションをしたあとに、「お聞きしたいことがあるのですが、よろしいですか？」とお客様からバトンを返してもらうための質問をしましょう。そのあと、こうたたみかけます。

「ところで、お子さんは今、中学二年生ですよね？」

この質問は、「はい」と答えざるをえない質問です。「はい」とお客様が答えたら、「お子さんの数学の中間テストは、何点でしたか？」と、お客様の問題点を聞き出すための質問をするのです。ここでお客様の問題点を聞き出しておくと、クロージングがやりやすくなります。

「そんなに簡単に答えてくれるの？」と思われるかもしれませんが、お客様はさっきまで気持ちよく話していたのを止められてしまった状態なので、少し答えにくかったとしても、「もっと話したい」という思いから、ついペラペラと話してしまいます。

このように、**アンケートでお客様に二～三分気持ちよく話してもらい、その勢いでお客様の問題点を聞き出しておくわけです。**

以上が、プレゼンテーションの前準備としてのアンケートのやり方です。

アンケートによってお客様をほぐしておくと、お客様はリラックスしてプレゼンテーションを聞きます。緊張した面持ちで聞かれるよりも、断然プレゼンテーションがしやすくなるでしょう。

× お客様をほぐすのはいつでもできる
○ プレゼンテーションの前にお客様をほぐしておく

商品説明の前に、「前提」を確認しよう

プレゼンテーションの第二段階が、「ファーストクロージング」です。

のちのクロージング段階でお客様に契約を迫ると、「今日は買うかどうか決めるつもりはありません」とお客様は逃げようとします。

そこであらかじめ逃走経路をふさいでおくのが、ファーストクロージングです。警察が犯人逮捕のために突入するときにあらかじめ逃走経路をふさいでおくように、ファーストクロージングによってあらかじめ断り文句を防いでおくのです。

クロージングとは通常、プレゼンの後に契約を迫ることをいいます。**一方でファーストクロージングでは、「契約するかしないか」ではなく、それを決めるタイミングを「今日に**

すること」を迫るのです。具体的には、アンケートを終えたあとに、「今日は一生懸命ご説明しますので、いいと感じたらこの機会にスタートしてください」と伝えてください。

ポイントは、「契約」という言葉を使わずに「スタート」とすることです。「スタート」に置き換えることで、印象が軽くなり、お客様は受け入れやすくなります。

また、「今日は一生懸命ご説明しますので」という「理由」をつけるのと、「いいと感じたら」という「仮定法」を使うのもポイントです。

このフレーズは、丸暗記しておきましょう。アポ設定のときに同じことを一度伝えているため、ここではお客様に当然のように確認しましょう。

これを即決スキル「即決確認」といいます。ファーストクロージングでお客様に「はい」という返事をさせておくだけで、お客様は答えを出すことを了承したことになるのです。

つまり、いってみれば、これはちょっとした「罠《わな》」です。

「えっ、契約しないといけないんですか?」などと問い返されないよう、「契約してくださいね」ではなく「スタートしてくださいね」と笑顔で伝えましょう。このときも、子どものような「純粋さ」は忘れないでください。

ただ、めったにないことですが、「そんなこと聞いていない」などと反論を受けることがあります。これらの反論に対して、お客様と真っ向からぶつかるのは得策ではありません。

なぜなら、商品説明が終わってからでないと、お客様に「説明をした」という既成事実をつくれないからです。既成事実ができてしまえば、「最後まで説明したのに答えを出せないとはおかしいですよね」と攻める口実として使えます。

ですので、ここでは時間をかけずに了承を取ることが優先です。

「お電話でお約束いただいていたかと思いますが」と言い分は伝えつつも、「いいと感じたらでかまいませんので、いいと感じたらこの機会にスタートしてみてください」と多少は譲歩をして了承を取りましょう。

あらかじめ約束していたことを伝えれば、お客様は「ああ」とか「はあ」などと返事をするはずです。この生返事でもOKです。「ありがとうございます!」と念を押してから商品説明に入りましょう。

ファーストクロージングを行うことで、お客様の商品説明に対する集中力も変わってきます。緊張していきなり商品説明を始めてしまわないよう、ファーストクロージングから始めることを忘れないようにしましょう。

× 商品説明がうまければ即決できる

○ ファーストクロージングをするから即決できる

お客様は長い説明が大嫌い

プレゼンテーションの第三段階が、「商品説明」です。

お客様が商談の場にいる理由。それは、多かれ少なかれ商品に興味があるからです。しかし、だからといってお客様が商品説明をちゃんと聞いてくれるものだと思うのは、甘い考えです。

お客様は、何か悩みを抱えているからこそ商品に興味があるわけですが、その悩みに対する意識はとても低いものです。

なぜなら、もし高い問題意識があったならば、自分自身で何かの対策をとっくに講じて、商談の場にはいないはずだからです。

お客様の意識は、とても低いと思ってください。五歳児と同じ、と考えるくらいがちょうどいいのです。

これはお客様をバカにしているわけではありません。

どんなに頭のいいお客様や、会社ではガンガン稼いでいるやり手の経営者であっても、こと営業を受ける側になると当事者意識が薄れ、説明をまともに聞く集中力を維持するのも難しくなるのです。

目の前にいるお客様が五歳児だと思えば、商品説明をどのようにしたらいいかも見えてくるはずです。まず、五歳児は説明を聞きません。

料金説明のときは急に真剣に聞くようになりますが、商品説明は基本的には聞いていないものだと思いましょう。専門的な説明になればなるほど、お客様はイヤがります。

そこで、説明はなるべく短い言葉にします。

「我が社は、創業一九XX年で、〇〇という理念のもと……」と長々と話すのではなく、「我が社の創業は一九XX年です」「理念は〇〇です」と、短いフレーズにして伝えていくのです。

これが即決スキル「フレーズ化」です。とくに威力の強いフレーズを「キラーフレーズ」と呼んでいます。営業マンは日々自分のキラーフレーズを磨き、研ぐことでシャープにしていきましょう。

✕ お客様は大人なので話を聞いてくれるはず

〇 お客様は五歳児と同じくらい話を聞こうとしない

お客様の「横やり」はすべて後回しにする

私は営業マン向けによくセミナーを行っていますが、質問は最後に受けつけています。有名人の講演会などでも、質疑応答は話をしたあとに行います。

同じように商品説明でも、質問を受けつけるのは説明が一通り終わってから。商談の時間が長引くと、お客様がイヤがるからです。たとえお客様自身が質問をたくさんしたことで長引いたとしても、お客様はそれを営業マンのせいにするのです。

お客様は五歳児ですからしかたがありません。そこで、営業マン自身がタイムキーパーにならなくてはいけないのです。

タイムキーパーにとってもっとも過酷な現場は、テレビの生放送です。大物芸能人の話が長引いて時間が押した場合、どの部分の尺をどのように削るか、あらかじめあらゆる可能性を考慮してシミュレーションをしておく必要があります。

営業マンも同じように、シミュレーションをしておく必要がありますが、大切なのはそもそも時間を変なところで取られないことです。

その「変なところ」の一つが、商品説明の間のお客様からの「横やり」なのです。

また、商品説明で時間を使いすぎると、クロージングでお客様が「考えます」とゴネ出して時間切れになり、契約を逃がしてしまうこともあります。

営業マンは「プレゼンテーション」のあとに「クロージング」があることを意識しなければいけないのです。

もし夕方四時に始まった商談で、お客様が「六時から別の仕事があるので」と言ってきたなら、六時までに終わらせるための時間管理は営業マンの仕事です。

たとえお客様が何も言ってこなかったとしても、商談時間が長引くとお客様はイヤがり、契約が取りにくくなります。

そのためには、お客様からの横やりを入れさせないように、あらかじめ「何か質問があれば説明のあとで時間を取りますので、そのときに聞いてくださいね」と商品説明の前にお伝えしておくのです。

もし商品説明中にお客様が「これってどういう意味ですか?」と言葉を挟んできたとしても、「先にこれだけ言ってしまいますね」と言って、お客様からの質問はすべて後回しにしましょう。

✕ お客様の質問にはその都度丁寧に答える
○ お客様の質問はあとでまとめて答える

商品説明は「十対二十対三十」でつくれ

商品説明は、「十対二十対三十」でつくってください。

よくいわれていることですが、**資料は十枚以内、商品説明は二十分以内、資料の文字の大きさは三十ポイント以上がベスト。**これが「十対二十対三十」の法則です。この法則に従って商品説明の事前準備をしておきましょう。

資料は多すぎると一枚一枚の印象が薄れます。また、「いつまで続くの？」とお客様が長いと感じやすくなります。会社説明に一枚、商品の説明に五枚、お客様の感想で一枚、料金説明で一枚、これで八枚です。自己紹介用に一枚使ったとしても、十枚には収まります。

商品説明が二十分以内というのにも理由があります。それは、商談の時間には制限があるためです。

一般的に、お客様は一時間は時間を確保してくれるでしょう。まれに三十分しか取ってもらえない場合がありますが、商品説明を二十分で用意しておけば、何とか収まります。決裁者が遅れて参加する場合や、先に帰らなければならないなどのイレギュラーな場合にも対応できます。

商談に一時間をかけるとしたら、アンケートを含めてプレゼンテーションは三十分で終わらせて、残りの三十分はクロージングに使うのがベストです。

文字の大きさを三十ポイント以上にするのは、お客様のためです。お客様は小さい文字は読めません。お客様がパッと見て目に入ってくる文字が、三十ポイント以上なのです。

「三十ポイント以上じゃあ文字が大きすぎて、伝えたい内容を書ききれないよ」と思うかもしれませんが、それでいいのです。伝えるべき内容をすべて資料に盛り込む必要はありません。

資料には要点のみで、あとは営業マンがエピソードを交えながら自分の言葉で伝えましょう。資料は、営業マンのカンペではありません。資料はあくまで要点のみで、台本は別に作成し、練習を何度もして覚えてしまいましょう。

× 伝えたい内容は、すべて資料に盛り込む

○ 必要最低限のことのみを資料に盛り込む

説明の最後では「同じ結論」を繰り返す

商品説明の目的は、「商品がよくないので買わない」とお客様に言わせないように伏線を

張ることだとお伝えしました。そのために、商品のよさをしっかりお客様に伝える。これが最低限、商品説明でクリアするべきポイントです。

しかし、それだけでは不十分です。

お客様の心を揺さぶり、「買ったほうがいいかも」とお客様に思わせれば思わせるほど、お客様のサイフのひもが緩み、クロージングがしやすくなります。

そのためには、すべての説明を「お客様が買ったほうがいい理由」にまでつなげること。

「我が社の創業は一九XX年です」と伝えるだけでは、お客様がそれを聞いても、「それで？　だから？」となってしまいます。お客様は、創業ストーリーには別に興味はないのです。

そうではなく、「創業以来、商品を改良しつづけてきました」「だからお客様の悩みを解決できるんです！」と、情報を「お客様が買うべき理由」に変換してあげて、「だから買うべきなんですよ」という結論までを伝えることが重要です。

「こう説明すれば、きっとこう考えてくれるはず」という期待はお客様にしてはいけないのです。

よく専門的な説明をしすぎてお客様をうんざりさせてしまう営業マンがいますが、お客様が詳細を理解できるかどうかはさほど重要ではありません。お客様が「買うべき理由」

が存在する、ということが伝わればいいのです。

営業マンは、お客様が「買うべき理由」を提示したら、必ずセットで「だからお客様の悩みが解決できるんです！」と、結論にまで導きましょう。

結論を伝える言葉は、毎回同じ言葉でかまいません。むしろ同じ言葉のほうが、お客様に届きやすくなります。話を結論で締めくくること。そしてこの結論を繰り返し連呼すること。これが即決スキル「結論リピート」です。

二十分の商品説明で商品についてすべて理解するのは、土台無理な話です。商品説明は、お客様が買うべき理由のダイジェスト紹介である、というくらいに思っておきましょう。

✕ お客様は結論を言わなくてもわかってくれる

〇 大切なのは結論を何回も繰り返すこと

「第三者ティーアップ」で「権威づけ」する

人は商品を買うときに、自分の考えで買っていると思いがちです。しかし、実はそうではありません。ほとんどの人は、「権威」に従って商品を買っているのです。

高熱が出て病院に行って、「インフルエンザです」と医者に診断されたら、きっとあなたは信じるでしょう。インフルエンザの検査がどのような原理であるか、自分の血液が本当に検査されたのかどうかなど確かめることなく、ただただ「お医者さんがそう言っていたから」という理由だけで、一〇〇％信じてしまうのです。

同じように、有名なお店で売っている商品は、ちゃんとした商品なんだろうと思って安心して買うことができます。

だから**営業マンも、自社の商品に対してしっかりと「権威づけ」する必要があります。**商品説明の始めでは、自社の権威づけ、商品の権威づけ、または自分自身の権威づけをしっかりと行いましょう。創業年数、お客様の数、または営業マン自身のキャリアなど、権威づけに使えるものはすべてお客様に提示するのです。

ただ、会社や商品のことはほめやすいのですが、自分自身のことはなかなかほめにくいもの。具体的な実績があれば信用してもらえますが、「社では私が一番評判いいんですよ」と自画自賛をしてもお客様は「本当かな？」と思ってしまいます。

そこで使えるのが、「第三者ティーアップ」という即決スキルです。これは商談の前日などにアポイントの確認の電話を他の営業マンにかけてもらって、他の営業マンに自分を権威づけしてもらう方法です。

「堀口さんは我が社で一番優秀ですので、きっとお客様の悩みは解決しますよ」

「堀口さんはお客様の間でも評判の講師ですので、楽しみにしていてくださいね」

このようなティーアップの言葉を他の人から言ってもらうだけで、プレゼンテーションが格段にやりやすくなることでしょう。

× 権威が感じられなくても、いい商品であることが伝わる
○ 権威が感じられるから、いい商品であることが伝わる

お客様は「話の内容」よりも「話し方」に影響される

みなさんも過去に、営業マンから営業を受けた経験はおありでしょう。

そのときの営業マンはどんな人でしたか？　頼りなさそうな人でしたか？　それともしっかりとした、信用できそうな人でしたか？

実は、「この人頼りなさそう」とか、「この人なら信用できそう」というのには、根拠はありません。では、お客様はどうやって「この人頼りなさそう」とか「この人なら信用できそう」と判断しているのでしょうか？

一般的に、「表情」や「声のトーン」といった「話し方」のほうが「言葉」自体よりもよほど相手に伝わり、重要だといわれています。

プレゼンテーションを通じてお客様に「これはいい商品だな」と思わせるためにも、「話し方」が大切なのです。

「話し方」というと、声の大きさや、話すスピード、低い声か高い声かといったことを気にする方が多くいますが、それよりも大切なのは「確信」をもっているかどうかです。

一番大切なのは本当に心の底から確信していることですが、なかなかそうもいかないかもしれません。

ここで、二つだけ確信をもっているように聞こえるコツをお伝えしましょう。

一つ目は、息を吐きながら語尾を伸ばすことです。人はおびえたり怖がったりするときには、息を吸い込みながら語尾を短くして話してしまいがちです。その逆で、確信をもって話すときには、息を吐きながら、語尾が長くなる傾向があるのです。

二つ目は、言葉を言い切ること。「〜と思います」ではなく「〜です」と断定調で言い切ることが大切なのです。

「うちの子、本当に志望校に合格できますか?」などと言い切るのが難しいことを言われた場合には、「お約束はできません」と否定するべきことは否定したうえで、「しかし、がんばった分だけ点数が上がることは間違いありません」と言い切れることのみをはっきりと言い切ってください。

議論の場では、初めに確信をもって話した人の意見に決まりやすいとされていますし、演説でも、確信をもって話す人にひかれることでしょう。

営業においても確信が大切なのです。

もし営業マンが確信をもって話していないと、お客様には「この営業マン、本当にこの商品がいいと思ってるのかな？」「本当は売りたいから商品をほめているだけでしょう」などと思われてしまいます。

「お客様は絶対にこの商品を買ったほうがよい」「もし買わなかったら絶対に後悔する」と心の底から思っているかどうか。

これがよいプレゼンテーションができるかどうかの分かれ目となってくるのです。

✕ 言葉で伝えるから、お客様は納得する

○ 確信をもって伝えるから、お客様は納得する

売ることがお客様のためになると確信する

繰り返しになりますが、営業マンの仕事は「売ること」です。

そして売ることとは、お客様の悩み解決の「スタート」につながります。

ですので、我々営業マンは「売ること」に迷ってはいけません。

迷っていると、プレゼンテーションにも説得力がなくなります。結果、お客様も商品が本当によいものかどうか迷います。

迷いは伝染するのです。

確信をもった話し方でプレゼンテーションをするためには、「売ること」こそがお客様のためであり、営業マンのためでもあるとしっかり認識するべきなのです。

もちろん、他社でもよい商品があるかもしれません。ただ、お客様は他社のその商品を今日という今日まで購入していなかったからこそ、営業マンのプレゼンテーションを聞いているのです。

もし自分がお客様に商品を売ってあげなかったら、お客様は商品を購入するチャンスをまた逃してしまい、悩み解決をスタートさせることができないのです。

営業マンから話を聞いている時点で、そのお客様には「悩み」があります。「ダイエットしたい」「英会話が話せるようになりたい」「薄毛を何とかしたい」というような、「悩み」です。その「悩み」を解決する商品やサービスを提供するために、我々営業マンが存在するわけです。

お客様は、これまでにも商品を買おうと検討したことがあるかもしれません。しかし、結果的には、「このままでいい」と問題解決を放棄してきたのです。

でも、このままでいいわけがありません。人生において大切なことは、次に進むことです。「悩み」を「悩み」そのままにしておくことは、ずっとその場にとどまりつづけるということです。

営業マンが「売ること」に迷い、お客様を「スタート」させることができなければ、そのお客様は、ずっとその場所で悩みつづけることになるのです。お客様を次に進ませるために、売ることに迷わないでください。

我が社では「お客様のスタートをつくる」という言葉を、会社理念として掲げています。「売ること」は、お客様の「スタート」をつくることです。

お客様の「スタート」をつくることこそが、我々営業マンの使命なのです。

プレゼンテーションのときにも、このことを再度、強く意識してください。

× 「売ること」がお客様のためにならない場合もある
○ 「売ること」がお客様の「スタート」をつくる

人は「論理的思考」よりも「目の前の刺激」で判断する

子どもの前にお菓子（マシュマロ）を一つ用意して、「このマシュマロを十五分食べないで我慢できたら、もう一つあげるからね」などと言って、子どもを一人きりにする「マシュマロ実験」という有名な実験があります。

一人きりにされた子どもたちのうち、約七割の子どもは十五分我慢できずにお菓子を食べてしまいます。論理的に考えれば十五分我慢したほうが得にもかかわらず、欲望に負けてしまうのです。

脳科学によると、論理的思考は「遅い判断システム」だそうです。つまり、論理に訴えるだけでは、「即決」で契約は取れないのです。

そこで必要なのが、目の前の刺激にもとづく「速い判断システム」です。つまり、お客様に対して「刺激」を与えつづけたほうが、お客様は即断がしやすい、ということ。

「刺激」とは、「五感」のことです。視覚、聴覚、触覚、嗅覚《きゅうかく》、味覚を可能なかぎり刺激して、働きかけるべきだといえるでしょう。

営業のなかでお客様の五感をもっとも刺激しやすいのが、実はプレゼンテーションです。それは、プレゼンテーションは事前にいくらでも練習できるからです。

練習に練習を重ねたプレゼンテーションにおいては、「こんなに自信のある表情をするなら、本当なんだろうな」と表情（視覚）を用いたり、「こんなに堂々と言うなら、信じてもいいかもしれない」と声色（聴覚）を工夫したりと、お客様の五感を存分に刺激することができます。

どのようにお客様の「五感」を刺激するのか意識してシミュレーションしておくと、より効果的なプレゼンテーションができるようになるでしょう。

たとえば、商品が天然素材を使っているものならば、その香りをお客様にかがせて「嗅覚」を刺激したり、実際に触ってもらって「触覚」を刺激したり……。

なかでも有効なのが、「目」です。視覚に訴えることを念頭に、資料をつくったり、商品説明をしたりしましょう。

✕ プレゼンテーションは、論理的に判断してもらうためのもの
〇 プレゼンテーションは、お客様の五感を刺激するためのもの

試着をするからほしくなる

予定していなかったものを買うことを衝動買いといいます。

営業マンは、お客様に衝動買いをさせる仕事ともいえるでしょう。

衝動買いをさせるには、「これは自分に必要だから買おう」という理性ではなく、「ほしい！　だから買おう」という感情の力を使うことです。

アパレルショップの店員は、お客様に衝動買いをさせるプロフェッショナルです。「どうぞご自由にご試着くださいませ」「こちらもお似合いですよ」と言って、とにかくお客様に試着をさせます。

心理学では「行動による刺激で感情が引き起こされる」とされています。つまり、「行動のあとに感情が起こる」という原則があるのです。

「楽しいから笑う」のではなく、「笑うから楽しくなる」。

「悲しいから泣く」のではなく、「泣くから悲しくなる」。

このように、行動が先で、感情が後にくるのです。同じように、お客様も「ほしいから試着する」のではなく、「試着するからほしくなる」。

お客様に「感情」を起こさせるには、「行動」させるのが一番なのです。

自転車型のダイエットマシンに、実際にまたがってもらう。

学習教材を実際に手に取ってページをめくり、読み上げてもらう。

化粧品を実際に使って体感してもらう。

健康食品を実際に食べて味わってもらう。

こういった行動を通じて、お客様は勝手に自分がその商品を使っている「未来」を想像します。

ポイントは、お客様の行動を具体的に指示すること。「どうぞご自由に使ってみてください」とお客様に自由にさせても、お客様は遠慮してあまり商品を触りません。

だから、プレゼンのなかで、実際にお客様に商品を使わせるように仕向けるのです。「それでは、この食品の容器のフタを開けてみてください」などと逐一指示して、一挙手一投足を誘導します。これを即決スキル「逐一指示」といいます。

逐一指示のあとには、「どうですか、簡単に開いたでしょう」「開けやすくて飲みやすいとご好評いただいています」「どなたでも面倒くさがらずに飲みつづけられますよ」「だから、お客様の悩みを解決できるんです！」と、しっかりと「結論リピート」をたたみかけます。

このように、**お客様の「行動」によって「感情」を動かし、「結論リピート」によって**

「理性」を導くことで、お客様を納得させていきましょう。

× 「ほしい」から「試着する」

○ 「試着する」から「ほしくなる」

プレゼンテーションには決裁者を同席させよ

プレゼンテーションで避けるべきなのは、決裁者がその場にいないことです。決裁者が説明を聞いていれば、買うか買わないかの即決を決裁者に迫れます。

しかし、決裁者が聞いていない場合は、プレゼンを聞いた担当者に対して、決裁者からの即決を取るようにお願いするしかなくなります。

それを避けるために、アポ設定の際にあらかじめ決裁者の同席をお願いすることが大切なのですが、いざ商談の場に行くと、お願いしたはずの決裁者がいないことがあります。

法人であれば、部長クラスの同席をお願いしたにもかかわらず、新人に対応されてしまう。個人であれば、父親の同席をお願いしたにもかかわらず、母親だけで対応されてしまう……。

そのような場合は、「お父様はいらっしゃいますか？」と聞いて、もしいるようならば「ご挨拶《あいさつ》をしたいのでよろしいですか？」と言って連れてきてもらいましょう。

「ご挨拶」を断るための正当な理由は、ほぼありません。高い確率で、決裁者をその場に連れてきてもらえるでしょう。

そして決裁者がやってきたら席を立ち、名刺交換をして挨拶したあとに、「本日はお時間をありがとうございます」「商品のご説明に十分間、お時間をいただきます」「ご質問などはそのあとにお願いします」と、当然のように商談に参加する体で話を進めていくのです。

いざプレゼンテーションを始めてしまえば、こちらのものです。決裁者に商品を体感してもらいながら進めることで、途中退席がしにくくなるはずです。

決裁者にプレゼンテーションを聞かせられないと、売れるものも売れなくなってしまいます。「私の話を聞かないなんて、もったいないですよ！」というくらいの意識でプレゼンテーションに臨みましょう。

✕ 決裁者がいなければ、しかたがないと受け入れる
〇 決裁者がいなくても連れてきて、聞いてもらう

去ろうとする決裁者には、虚を衝け

とはいうものの、決裁者がプレゼンテーションを聞かずに去ろうとしてしまうことがときどきあります。あるいは、プレゼンテーションの途中でこっそりと抜け出そうとする場合もあります。そのようなときは、虚を衝きましょう。

「当社で一番人気のプランは、この百万円のプランです」と、いきなり料金提示をして、「よろしいですか」と、契約をいきなり迫るのです。

これを即決スキル「虚を衝く」と呼んでいます。

すると決裁者はびっくりして、「どういうこと?」と聞いてくるはずです。

このようにしてなかば強制的に決裁者の興味をひきつけたら、「くわしくご説明しますので、こちらにお座りください」と言って、再度プレゼンを始めます。

こうすれば、決裁者を捕まえたままにしておくことができるのです。

虚を衝くとは、「孫子の兵法」にもある戦略で、「敵が油断しているスキを攻める」ことで主導権を握る方法を指します。人は誰でも意表を突かれると、相手に主導権を握られてしまうものなのです。

もちろんこれは最終手段です。しかし、これくらいしてでも決裁者にプレゼンテーションを聞かせなければなりません。プレゼンテーションを聞かずして、あとで「買う」「買わない」のクロージング段階になってから参加されても、契約は取れないと考えたほうがよいでしょう。

プレゼンテーションは何が何でも決裁者に聞かせる。
こだわるべきところにこだわれるかが、即決できるかどうかのカギなのです。

× 決裁者は偉いので、いなくなってもしかたがない
○ 決裁者は偉いからこそ、虚を衝いてその場にいてもらう

何が何でも「セールスポイント」を伝えよ

お客様が商談でもっともイヤがるのが、実は商品説明の時間です。

心の玄関を突破していれば、商品説明の前のアンケートでは快く話してくれるでしょう。しかし商品説明は、いくらお客様が営業マンに対する警戒心を解いていたとしても、苦痛な時間なのです。

たとえば、車を売る場合を考えると、お客様は車を見て一～二分もすれば、「もう全部わ

かった」と言ってそれ以上の商品説明を聞こうとしなくなります。最新のエアバッグを搭載していることや、燃費性能が上がったことなどの、体験しにくい説明は一分たりとも聞きたくないのです。

家庭教師サービスの例でいうと、中間試験の点数を上げることには興味を示しますが、実際に教材をパラパラとめくって十秒も見たら、お客様は「もういいです」と言って説明を聞かなくなります。

でも、**どれだけ説明をイヤがるお客様にも、「セールスポイント」だけは絶対に伝えてください。セールスポイントを伝えないと、商品としての価値がまったく伝わらず、このあとのセミクロージングで他社商品との比較ができないからです。**

セールスポイントとは、商品にとってのアイデンティティです。なぜその商品が存在しているのか。それはセールスポイントがあるがゆえです。

もしセールスポイントがないとしたら、その商品は存在しないも同然なのです。商品とはセールスポイントによってお客様にその存在を認めてもらえるのです。

セールスポイントを伝えると、お客様はイヤイヤ説明を聞いているにもかかわらず、「本当に？」と思ったり、実際に口に出して聞いてきたりします。

そこでセールスポイントとセットで伝えるべきなのが、セールスポイントがなぜいいのかという「理由」です。

不動産の場合は、「ここに大学ができるから、ここ一帯の土地価値が上がる」。

トレーニングジムの場合は、「トレーナーがマンツーマンでつくから、継続できる」。

教材の場合は、「学校のテストに出る部分が載っているから、点数が上がる」。

このような理由を、営業マンはすべて商品説明のなかでお客様に提示しなければなりません。もし、理由が見つからないのならば、自分でひねり出してください。

このようにセールスポイントとその理由を伝えておくことで、のちのクロージングでお客様は「商品がよくないから」という断り文句を使うことができなくなります。

理由を説明したらそこで説明を終わらせずに、「だからこの商品は、お客様の悩みを解決できるのです」と「結論リピート」をすることも忘れないようにしてください。

また、セールスポイントを伝える際には、「お客様の声の実演」も有効です。アプローチの際の「実演」では、根拠は説明しないとお伝えしましたが、ここではしっかりとその「理由」まで説明しましょう。

「『こんなに点数が上がる、すごい家庭教師センターがあっただなんて！』という声を多数いただいています。なぜなら、我々は一流大学出身の優秀な講師陣をそろえ、さらに徹底した研修をすることで、生徒さんの偏差値を平均で十以上、上げてきた実績があるからです」と、「お客様の声」＋「根拠」「理由」を示し、「だからお客様も契約すべきです」と「結論リピート」します。

× お客様は商品説明に耳を傾けてくれる
○ お客様は「セールスポイント」には耳を傾けてくれる

芸人に学ぶ、お客様の意識を向ける方法

テレビのトーク番組で、たくさんの芸人がひな壇に座っていることがあります。このような場合、芸人はいきなり話し出しても、カメラはその姿をすぐに映すことができません。カメラが自分に向いていないときにどんなにすばらしいギャグを披露しても、テレビの向こう側の視聴者には届かないのです。

「ちょっといいですか？」とか「ボク思うんですけどお」とか、自分にカメラをしっかり向けたうえで、話を始めたりギャグを披露したりすることで、視聴者にそれが効果的に伝わります。

このことがわかっている芸人は、自分の芸を披露したいと思ったら、注目を集めてカメ

ラが自分のほうに向いてから、芸を披露します。

営業マンも同じように、お客様が自分のほうに向いてから、伝えたいメッセージを伝えることが大切です。

たしかに商品説明の間は、話しているのは営業マンただ一人です。だから、お客様はずっと営業マンの話を聞いてくれているものと思うかもしれません。

しかし実際は、お客様は「心ここにあらず」の状態。「今日の晩ご飯、何にしようかな」「明日のママ友との食事会、参加連絡するの忘れてた」「あ、そうだ、来週の授業参観で着ていく服を買いに行かなきゃ」と、すぐに別のことを考えているものです。

営業マンは、大事な説明をする前には必ずお客様の意識を自分に向ける。つまり、ひな壇に座っているお笑い芸人のつもりでカメラを自分に向けなければいけないのです。

そのためには、話の区切り区切りのたびに、呼びかけをします。

たとえば、何かのアンケートの調査結果を紹介するとき。ある質問にイエスと答えた人の割合を年代ごとに紹介しようとして、いきなり「二十代では四〇％の人が、三十代では五〇％の人が……」などと話しはじめても、お客様の意識は営業マンの言葉に向いていないかもしれません。

そこでまずはお客様に「佐藤さん、こんな驚くべきデータがあるんですよ」と呼びかけて、お客様が「はい、何でしょう」と気を改めてから、伝えたい内容を話すのです。これが即決スキル「引きつけ」です。

一区切りの説明のたびに、「わかります？」と確認の相槌《あいづち》を入れるのも有効です。私はこの意識を自分に向けるための言葉を、「呼びかけ言葉」と呼んでいます。

「大切なことを言いますね」「ここ大事です。いいですか？」「一つだけ質問します。よろしいですか？」というように、うわの空で話を聞いているお客様の意識が自分に向くようなインパクトのある「呼びかけ言葉」をいくつか準備して、プレゼンテーションに臨むようにしてください。そして、これらの「呼びかけ言葉」を、いつ、どのタイミングで言うのかあらかじめ決めておきましょう。

くどいようですが、もう一度、お伝えしておきます（これが呼びかけ言葉です）。

お客様は、「長い説明を聞くこと」が大嫌いです。

そしてお客様は、我々営業マンが想像している以上にうわの空で話を聞いています。

この二つを肝に銘じて、呼びかけ言葉を使っていきましょう。

✕ お客様は集中して話をしっかり聞いてくれている

○ お客様は「説明」が嫌いで、いつもうわの空

お客様に呼吸を合わせてシンクロせよ

カフェに流れるBGMがゆったりしていると、そこにいる人同士の会話や過ごし方もゆったりとしやすくなります。逆に軽快な音楽だと、会話の内容も軽いノリになったり、食事やドリンクが進んだりすることがあります。

このように、相手のリズムにシンクロすることで、相手の意識に影響を及ぼすことができます。

相手の意識に影響を及ぼすには、影響を及ぼしたいときまでにシンクロしておかなくてはいけません。

営業マンにとってもっとも影響を及ぼしたいときとは、クロージングの段階です。つまり、営業マンはプレゼンテーションの間にお客様とシンクロしておく必要があるのです。

お客様とシンクロするとは、具体的にどうすればいいのか。

それは、呼吸を合わせることです。

お客様が年配の方で呼吸がゆっくりであれば、その呼吸に合わせてゆっくりと話す。場合によっては、フレーズごとに区切って話したり、文章が終わるたびに五秒や十秒空けたりして、話すペースをゆっくりにしていきます。

逆に、せかせかしている人は呼吸が速いので、その呼吸に合わせて話すスピードを上げましょう。

「はい、それでは、説明をさせて、いただきます」という言葉と言葉の間にある区切りをすべて取っ払って、「はいそれでは説明をさせていただきます」と一気に話して、スピードを速くし、息継ぎを少なくするのです。

せかせかしている人に呼吸を合わせると、二十分で予定していた説明が十五分で終わることがありますが、それでよいのです。

逆に呼吸がゆっくりなお客様に対してゆっくり説明する場合は、二十五分や三十分など と時間を延ばしてしまいがちですが、必ず時間内に収めるようにしてください。そのためには、説明を削る必要があります。そこで、プレゼンテーションで必ず伝えなければならない内容は、忘れないよう三十ポイントの大きい文字で資料に書いておきましょう。

話すスピードは、その人の頭の回転速度と比例しているといわれています。

したがって、話すスピードを合わせることで、お客様は営業マンの話を聞きやすくなります。自分の頭の回転と同じスピードで話してもらえることで、お客様は無意識的に心地よさを感じるようになるのです。

こうして営業マンとお客様との意識は、無意識的にシンクロされます。その結果、のちのクロージングでは営業マンの意識がお客様に影響しやすくなるのです。

× プレゼンテーションは、誰に対しても同じように行う
○ プレゼンテーションをしながら、相手に呼吸を合わせていく

「セミクロージング」で相場感覚をもたせよう

商品説明が終わり、お客様の質問にすべて答えたら、プレゼンテーション第四段階の「セミクロージング」に移ります。

ただこの前に一つ、注意すべきことがあります。**お客様の質問のうち、「いくらなの？」という質問にだけは答えないでください。**

なぜならば、セミクロージングの前に料金を説明してしまっては、「高い」と思われて、「買うのはやめた」と買わない決断をされてしまうことがあるからです。

料金説明をする前に、必ずセミクロージングが必要なのです。

セミクロージングとは、他社料金の提示によって、自社商品の料金を安く感じさせることです。

あなたがショベルカー（ミニタイプ）の営業を受けているとしましょう。

「当社のショベルカーは、百四十五万円です」と言われたら、「百万円以上もするのか。高いな」とネガティブな印象をもつかもしれません。

しかし、相場としては、これが安いのか高いのかわからないでしょう。なぜならば、比較対象がないからです。人は、高いか安いかは、比較でしか判断できません。

では、自社商品の料金説明の前に、他社のショベルカーの料金説明があったらどうでしょうか。

「A社のショベルカーは、当社のものと同程度の性能がありますが、二百万円です」

「B社のショベルカーは、当社のものよりも性能が落ちますが、百四十万円です」

このように言われたら、先ほどと同じように「百万円以上もするのか、高いな！」とネガティブな印象をもつかもしれませんが、そのマイナスの印象は他社の商品に対してぶつけられることとなり、自社商品にはぶつけられずにすみます。

そしてだいたい相場は百四十万～二百万円だ、という相場感覚をもたせたうえで、自社の料金説明をすると、「ああ、この会社の商品の値段は妥当なんだな」というポジティブな印象をもたせることが可能となるのです。

たいていの商品の場合、お客様は何となくの相場感覚をもっています。しかしその相場感覚は、値段が低めに形成されがちです。そこで、自社商品を売るのに都合がよい相場感覚をもってもらえるよう、他社商品の料金をうまく利用しましょう。

ただし、わざわざバカ正直に、自社よりもお得な金額の他社商品を紹介する必要はありません。業界で最高値の他社の料金や、他社の料金のなかでもっとも高いプランなどを紹介し、自社の料金は妥当なものであると理解してもらいましょう。

✕ 料金についての質問には、早めに答える

○ 料金については、「セミクロージング」の後で初めて提示する

プレゼンテーションは台本をつくれ

プレゼンテーションの四段階について、一つひとつ説明してきました。事前に準備や練習をしておけば何とかなるものばかりです。

もちろん、実際にお客様にプレゼンテーションをしてみないとわからないこともあるでしょう。ただ、この本を読んでポイントをつかんでおけば、「即決営業の本に書いてあったのはこういうことか！」と腑《ふ》に落ちてどんどんプレゼンテーションが上達するはずです。

まずは、プレゼンテーションの「台本」をつくってみてください。具体的にどのように話すのか、セリフをすべて列挙するのです。するとプレゼンテーションを頭の中でシミュレーションしやすくなります。

「お客様の五感を刺激するために、この説明では映像を使おう」とか、「どんな質問にも対応できるように、Q&A集をつくっておこう」などと、自分なりのアイデアも出てくるはずです。

台本があることで、自分の話す内容をどんどんよくしていけるようになります。また、何度も練習することにより、考えずに話せるようになります。

人は、考えながら話をすると笑顔をなくしてしまいます。とくに商品説明で難しい話になると、笑顔がなくなりがちです。しかし、営業マンたるもの、どんなときでも電球のように笑顔でいなければなりません。

だからこそ台本をつくり、考えなくても話せるくらいに練習しておくのです。

「台本なんてつくったことないよ」という方もいるかもしれませんが、営業マンにとって台本は基本です。プレゼンテーションはお客様によって話す内容がそれほど左右されないため、台本をつくるのはそう難しくないはずです。どうしても苦手な場合は、話した音声を録音して、それをもとに書き起こすのもよいでしょう。

プレゼンテーションのための準備や練習で培われた自信は、アプローチやクロージングなどにもよい影響を与えます。

契約が取れるようになってくると、真っ先に手を抜きやすいのもこのプレゼンテーションです。

プレゼンテーションは営業マンにとっての「しゃべる筋トレ」のようなものです。手を抜かずにしっかりと事前準備と練習をしたうえで、商談に臨みましょう。

✕ 資料さえつくっておけば何とかなる

○ 台本をつくって、何に注意すればよいかシミュレーションする

第4章
買う決断をさせる「即決」クロージング

「即決」のためのクロージングとは？

お客様にセミクロージングをして他社料金を提示したら、いよいよクライマックス、「即決」のためのクロージングの始まりです。

（1）料金説明
（2）訴求
（3）断り文句の攻略
（4）フォローアップ

順番に、この四つを行っていきます。

「料金説明」はクロージングというよりも、プレゼンテーションの一部のように感じるかもしれません。しかし、料金説明はクロージングの第一段階です。なぜなら、料金説明をすること自体が、お客様に契約を迫る行為だからです。

たとえば、アパレルショップで「いいな」「ほしいな」と思ったかっこいいジャケットや、かわいいスカートがあったとします。もし二、三万円だったら買おうと思って、値段を見るために商品に近づいていきます。

そして値札を見たら、四十万円。

「無理無理、桁《けた》が違う！　これじゃあ買えないよ」

このタイミングで近くに店員さんがいると、お客様は気まずさを感じます。

なぜなら、服に近づいて値段を見たということは、ほしいという気持ちの表れであるため、店員さんに「買うんでしょう？」と言われているような気分になるからです。

同じように商談においても、料金説明が終わるとお客様は、「買うんでしょう？」と言われているような気分になります。そのため料金説明が終わると、そこには気まずい空気が流れるでしょう。だからお客様は、関係のない話をしたり、商談を無理やり終わらせようとしたりしてくる場合もあります。

そこで料金説明の次にするべきことが、第二段階の「訴求」です。

訴求とは、お客様に営業マンの要求をしっかり伝えること。つまり「契約してください」とお客様に対してしっかり示すことです。「料金説明」とともに「訴求」ができないと、気まずい空気の中でいつまでたっても意味のない会話を繰り広げることになります。

この訴求をすると、ほとんどのお客様は断り文句を言ってきます。

ここからが、第三段階の「断り文句の攻略」です。

一つ攻略してもまた一つ、それを攻略してもまた一つと、お客様とはディベートのような状態になるでしょう。それを乗り越えてお客様の断り文句をすべて攻略することができれば、見事契約の獲得です。お客様の気が変わらないうちに、契約書にサインをしていただきましょう。

お客様が契約書にサインをしたら、クロージング最終段階の「フォローアップ」。

これは、キャンセルを防ぐために、お客様の不安をかき消して、商談をいい印象で終わらせるために行います。

以上がクロージングの四段階の大まかな流れです。

本章では、まずはクロージングについての心がまえを述べたうえで、四段階それぞれのくわしい方法についてお伝えしていきます。

✕ クロージングとは気まずい空気の中で会話を続けること

○ クロージングとは決まった流れで契約へと誘導すること

営業マンは「クローザー」である

野球でリードしているときに、最後に投げるピッチャーのことを「クローザー」といいます。チームの目的は勝つこと。リードしたまま「試合を閉じる」のがクローザーである投手の第一優先事項です。

同じように営業マンも、「クローザー」と呼ばれることがあります。**営業マンの目的は売ること。契約書を書かせて「商談を閉じる」のが営業マンの第一優先事項なのです。**お客様にクーリングオフなどの「契約キャンセル」という最終回の逆転ホームランを打たれないために、最終回をゼロ点で抑えて商談を勝利へと導く。

これこそが営業マンの真の仕事なのです。

ピッチャーが「試合を閉じる」ために勝負球を投げるように、営業マンも商談を閉じるためには、勝負球を投げる必要があります。それがお客様に「買ってください」「契約してください」と「訴求」することです。

しかし世の中には、訴求ができない営業マンが多くいます。

「契約してください」と言わずに商談を閉じないことを正当化している営業マンすらいるくらいです。

でも、それは違います。マウンドでボールを投げない選手はピッチャーではないように、訴求ができない営業マンは、営業マンではありません。ただの御用聞き、サービススタッフです。

営業マンの仕事は大きく分けて三つあるとお伝えしました。「アプローチ」「プレゼンテーション」「クロージング」でしたね。「アプローチ」と「プレゼンテーション」の二つは、「クロージング」の前振りでしかありません。

我々営業マンは「クローザー」です。「クロージングマン」であって、「アプローチマン」「プレゼンテーションマン」ではないのです。

契約を取るためには、お客様にしっかり「訴求」すること。
ここが一番大切なのです。

お客様は営業マンから「契約してください」と言われて初めて「この人は契約してほしいと思っているんだ」と営業マンの要望に気づきます。こちらの「契約してほしい」という要望に気づいてしまったお客様は、少なからずこちらの要望にこたえなければならないという気になりますし、確実に断りづらくなります。

訴求ができない営業マンは、嫌われるのが怖いだけです。

たしかに訴求することで、お客様に嫌悪感をもたれることがあるかもしれません。

しかし、営業マンの仕事は「売ること」です。

お客様に「好かれること」ではないはずです。

お客様との人間関係よりも、契約を取ることに重きをおいてください。そのためにはお客様にしっかりと訴求をし、契約を迫ること。「契約してください」としっかり伝えることこそが、クロージングであるとしっかり理解しておきましょう。

×「契約してください」と言いたくない
○「契約してください」と言うのが営業マンの仕事

お客様の欲求は「曖昧」である

「訴求」をするのは、お客様に営業マンの要望を知らせるためだとお伝えしましたが、「訴求」が必要な理由がもう一つあります。

それは、お客様の欲求が「曖昧《あいまい》」なために、訴求をしなければ答えが出せないからです。

そもそも人の欲求というものはすべて「曖昧」なものなのです。

たとえばあなたが、友人と一緒にご飯を食べに行くことになったとしましょう。「何が食べたい？」と聞かれて、「別に何でもいいよ」と答えたこと、ありませんか？

これが、人の欲求が曖昧だということです。

曖昧とは「一〇〇％ではない」という意味です。「何でもいいなら、パスタでいい？」と聞かれても、「パスタでもいいけど、ラーメンもいいな」と答える場合は、パスタが一〇〇％ではないということ。

同じように、カラオケに誘われても、「行ってもいいけど、行かないなら行かないでも別にいい」とか、彼女から「私と別れたいの？」と聞かれても、「別れたい気持ちがないこともないけど、別れたくないとも思っている」……。

このように、人の欲求とは一〇〇％ではなく、曖昧なものなのです。

お客様がものを買う場合も同じことです。

お客様が、どんなに「これはいい商品だな」と感じていたとしても、

「買おうと思う気持ち……八〇％」

「買わないと思う気持ち……二〇％」

と、買わないと思う気持ちが少しでもあれば、自ら契約には踏み切れません。

逆に、お客様が「これはそこまで自分には必要ないかもな」と感じていたとしても、

「買おうと思う気持ち……三〇％」

「買わないと思う気持ち……七〇％」

と、買おうと思う気持ちが残っていると、営業マンに対して断り切れません。

お客様の「買おうと思う気持ち」が一〇〇％にならないかぎり、お客様は自ら「契約します」とは言わないのです。

では、お客様が一〇〇％買おうと思う気持ちになるようなプレゼンテーションをすればよいではないか、と思うかもしれません。

しかし、**営業マンが知っておくべきことは、どんなに上手なプレゼンテーションをしたとしても、お客様十人中十人が「買おうと思う気持ち一〇〇％」になることなどない、ということです。**どんなにプレゼンテーションがうまい営業マンであったとしても、訴求をしなければ契約が取れるのは十人中一人か二人でしょう。

一方で、訴求をしてクロージングをしっかりすれば、買おうと思う気持ちが三〇％のお客様であったとしても、契約が取れる可能性が高まるのです。

お客様は、曖昧な欲求をもっているがゆえに、「保留」が大好きです。堂々と「考えます」と言って、商談を曖昧に終わらせようとします。

それをさせず即決させるためにも、営業マンは一切の曖昧さを排除した、強い「訴求」をぶつけていくべきなのです。

× お客様の意見ははっきりしている

○ お客様の意見は「曖昧」である

お客様をリードする「マッチングとリーディング」

ここからは、一段階ごとに、コツをお伝えしていきます。

まず、クロージングの第一段階は、「料金説明」です。

このとき、料金表を見せておしまいにしてしまう営業マンがいます。しかし、それではお客様に「自由な思考」を許してしまいます。「買おうと思う気持ち一〇〇%」のお客様であれば、料金表を見せるだけでも「どのプランにしようかな」と商品構成を選んだり、「三十六回分割で月三万円だったら払えるな」と支払い方法を考えたりできるでしょう。

しかし、お客様の欲求は「曖昧」ですから、ほとんどのお客様は料金表を見せられるだけでは、何をどう見たらいいのかわからず、目が泳いでしまいます。そこで営業マンが、料金表をもとにお客様の思考を「リード」する必要があるのです。

では、お客様をリードするには、どうしたらいいのか。

一言でいうと、「マッチングとリーディング」をするということです。

たとえば、リアカーを引っ張って歩くには、次の二段階があります。

（1）リアカーの手すりをつかむ（マッチング）
（2）リアカーを引っ張る（リーディング）

当たり前のようですが、得てして人は「マッチング」を行わずに「リーディング」を行ってしまうのです。

これを私は「M&L理論」と呼んでいます。アルファベット順ではLが先でMが後ですが、マッチングとリーディングにおいては、Mを先にしなければいけないのです。

料金説明における「マッチングとリーディング」とは、こうなります。

（1）まずは料金表のどこを見るかを指示する（マッチング）
（2）料金表を読み上げて、お客様を引っ張る（リーディング）

つまり、**お客様にどこを見るべきかを指示し、目の動きを誘導していく、ということが重要になります。**

次の項では、営業におけるマッチングとリーディングのコツをさらに見ていきましょう。

× 料金説明は、料金表を見せるだけでよい
○ 料金説明は、料金表を読み上げて思考をリードする

マッチングでは相手の目の動きを先導する

デートで男性が女性を引っ張っていく（リーディング）には、女性の手を握ればよいのですが（マッチング）、営業においてはお客様の手を握るわけにはいきません。そこで、お客様の「心の手」を握る必要があるのです。

ではどうすればよいのか。それは、五円玉を使った催眠術に学ぶことができます。

「あなたはだんだん眠くな〜る、眠くな〜る」と言いながら、ひもにぶら下がった五円玉をゆらゆらと動かしていく、あの定番の催眠術です。催眠術師は、「はい、この五円玉から目を離さないでくださいね」とルールを指定し、自分に身をゆだねさせていきます。

同じように、営業マンが「ルールを指定して、受け入れさせる」ことが、お客様の「心の手を握る」ということに当たるのです。これが即決スキル「ルール設定」です。

続いて催眠術師は五円玉を動かし、相手の目の動きを先導します。そして五円玉を動かしつづけ、相手の目が止まることを許しません。

料金説明でも同じように、「それでは料金表について一つずつ説明しますので、ついてきてくださいね」とルールを伝え、身をゆだねさせましょう。

そして、**お客様が見るべき場所を指定しつづけて、お客様に別のところを見る余裕を与えないことが大切です。**

もしお客様が離れてしまったり、離れそうになったりしたら、「よろしいですか」と言っていったんリセットし、あらためて「こちらのBプランは……」と指し示しながら説明を再スタートしましょう。

こうして料金表の概略を説明するまでが、マッチングです。

×　お客様に料金表をじっくりと見るゆとりを与える

○　お客様に余裕を与えずに、目の動きをコントロールする

リーディングにおける三つのコツとは？

リーディングのコツとしてお伝えしているのが、次の三か条です。

【リーディングの三か条】

一、相手の動きを確認しながら、理想の動きに近づけよ
一、相手の動きを承認し、理想の動きを継続させよ
一、相手の思考を言葉にし、誘導せよ

また催眠術を例にして考えてみましょう。

催眠術師は、まずはマッチングができているかを確認します。五円玉の動きと相手の目の動きが一致しているかを確認するのです。

そうしたら、「そうです、そのまま五円玉を見つめつづけてくださいね」と言いながら、だんだんと五円玉を大きく振って、振り幅と速度を大きくします。そうすることで、相手の眼球の動きを、レム睡眠時の高速運動に近づけていくのです。この「レム睡眠時と同じ眼球運動」が、第一条にある「理想の動き」に当たります。

続いて催眠術師は「そうです、いいですよ」と相手を承認し、継続させます。

人は同じ作業を続けると、その行動をとくに意識することなく続けることができるようになります。すると催眠術師の言葉が頭に入りやすくなっていきます。これが第二条の「相手の動きを承認し、理想の動きを継続させよ」です。

この無意識状態が生み出せたら、言葉で思考の誘導をしていきます。「あなたはだんだん眠くな〜る、眠くな〜る」と思考させたい言葉を声に出して、相手の頭の中に言葉を入れていくのです。これが第三条の「相手の思考を言葉にし、誘導せよ」です。

次項からは、具体的にどのように料金説明でリーディングを行っていくかを見ていきましょう。

× 相手を無理やり理想の状態にさせる
○ 相手の動きを確認してから、徐々に理想の状態に誘導する

契約プランを「仮決定」せよ

マッチングで料金表の概略を説明したら、続けて具体的な契約プランを示していきます。

この契約プランを、徐々にお客様にとっての「理想の動き＝理想の状態」に近づけていくのです。

契約プランとは、「商品構成」と「支払い方法」の二つを意味します。

商品構成とは、何種類かの商品がある場合はどの商品にするのか、あるいは複数選ぶのか、といったことです。オプションの有無なども商品構成のうちに入ります。

支払い方法とは、振り込みなのかカード払いなのか、一括なのか分割なのかといったことです。

まずは商品構成から、お客様の理想の状態を見つけていきましょう。

コツは、営業マンがおすすめの「商品構成」を一つ、具体的に紹介することです。

「私だったら、このプランAにします。これですと必要な機能はすべてそろっていますし、他社の商品と比較してもお得です」

このように、「私だったら」という仮定法を使うのがポイントです。

具体例を一つ説明したら、「プランBですと、オプションがこのようにつきます」と、他の例も簡単に説明します。そして、それぞれの金額についても読み上げていきます。

続いて、お客様がどれを選ぶのか、「仮決定」させていきます。

「もしお客様が購入するとしたら」と仮定したうえで、「AプランとBプラン、どちらになさいますか？」と二者択一で「お客様の理想の状態」を探っていくのです。

これはアポ設定でも使った即決スキル「仮定法＋二者択一」です。

このときに、「いや、買うかどうか決めていませんよ」と言われたとしても、「もし買うとしたらでかまいませんので、どちらでしょうか」と、仮定法で押しつづけてください。**人は、「もし」という言葉を強く言われると、否定しようがありません。**

お客様がどちらかのプランを選んだら、そのプランのよいところを「そうですね、○○の機能がついているほうがベストですよね」などと言葉にして肯定し、「自分の選択は間違っていないな」とお客様が考えられるように、思考を誘導します。

こうして選択が正しいことを伝えながら具体的な商品構成を決めると、まず料金が確定します。

「もし買うとしたら、分割と一括ですと、どちらがよろしいでしょうか？」

「分割かなあ」

「分割ですね。分割ですと、たとえば三十六回払い月々約三万円と十二回払い月々約九万円、どちらがよろしいでしょうか？」

……このように、分割の回数までをも決めていくのです。

以上のようにして、二者択一で契約プランを「仮決定」していきます。アポイントを取るときに、まずはざっくりとした二者択一で聞き、徐々に具体的にしていったテクニックと同じです。

契約プランを「仮決定」しておかないと、あとあと大変になります。お客様にいくら契約を促しても、「でも、どのプランにしたらいいのかわからないので」という断り文句を言われてしまうからです。

契約プランの「仮決定」をしておくことで、お客様はこの断り文句を使うことができなくなり、「断り文句の攻略」が楽になるのです。

× 料金説明は、料金を理解させるのが目的

○ 料金説明は、「もし買うとしたらどうするか」を決めさせるのが目的

即決は「訴求」なしには得られない

クロージングの第二段階は、「訴求」です。

料金説明で契約プランを「仮決定」させたら、単刀直入に「ぜひこの機会に契約してください」と契約を促しましょう。このときは、「スタート」ではなく「契約」という言葉を

出してOKです。

この際、「お客様、契約しますか？」という質問形式で聞いてしまうのは、「訴求」ではありません。そこに営業マンの「訴え」や「求め」がないからです。

戦後、日本の子どもはアメリカ兵に向かって「ギブミー・チョコレート！」と訴えてチョコレートを求めました。

このように断定調で相手に訴え、求めるのが訴求です。

「このプランのほうがよいです」「私は契約してほしいのです」という断定調での「訴え」や「求め」があるからこそ、「訴求」なのです。「契約しますか？　契約しませんか？」といった二者択一をここで使ってはいけません。

訴求は断定調で行う。これを即決スキル「断定訴求」といいます。また、断定訴求をするときは、「この機会に」という枕詞《まくらことば》をつけると訴求しやすくなるでしょう。これを「機会訴求」と呼んでいます。

営業マンのキャラによっては、「契約しますよね？」という質問調の訴求も有効なことがあります。これは質問調ですが、「当然契約しますよね」というニュアンスが含まれているため、即決スキル「当然訴求」と呼んでいます。

訴求がしっかりできない営業マンは、延々とお客様からの質問に答えたり、お客様からの遠回しの断り文句に対応しつづけたりして、挙句の果てにお客様から「もう時間も遅いので」「次の予定がありますので」と言われてタイムアップになってしまいます。

これでは即決が取れずに保留になって当たり前です。

もともと、お客様は「即決したい」なんて思っていないものです。

即決がほしいのは営業マンだけです。

保留を許さずに、買うのか？　買わないのか？

その場でケリをつけるためには営業マンから「訴求」をして、試合開始のゴングを鳴らす必要があるのだということを肝に銘じておきましょう。


✕「断り文句の攻略」はお客様の「考えます」から始まる
○「断り文句の攻略」は営業マンの「訴求」から始まる

営業マンという立場をわからせよう

くれぐれもやってはいけない訴求が、「契約していただかなくてもかまいません」などとお客様に言ってしまう「逆訴求」です。これは、好きな女の子のことを嫌いだと言ってをしまう「逆告白」と同じような現象です。目の前の契約がほしいと焦るあまりに、ついつい思っていることと逆のことを言ってしまうのです。

他にも「私は営業マンではないので」とまで口にして、「買わなくてもいいですよ」と逃げてしまう営業マンまでいます。

クロージングでは「売り」を隠さずに堂々と訴求していいのに、つい癖で隠してしまうのです。

たしかに、アプローチ段階では、お客様は営業マンの「売りたい」という気持ちを強く感じると、「なんだ、結局売りたいだけか」と警戒して逃げていってしまいます。

しかし、**クロージングではすでにお客様の悩みを共有し、悩みを解決するための提案として商品を売ろうとしているのです。この段階にきてまで売ろうとしないことは、お客様に対して逆に失礼にあたります。**

たとえば、女性が「つきあってもいいかも」と心がひかれはじめている男性から、「別につきあいたいわけじゃない」などと言われたら、「こっちから願い下げよ！」と怒ってしまうでしょう。

同じように、クロージングで逆訴求をしてしまう営業マンは、空気の読めないＫＹ営業マンです。営業マンであることはまったく隠す必要がありません。むしろ、営業マンであるという立場をわからせたほうが、お客様は営業マンの立場を考えて、契約へと気持ちが向いていきます。

ただ、営業マンの立場をわからせようとして、「私は営業マンです」とストレートにアピールしてしまっては、「営業マンだとは思っていなかった」などと反論を受けるかもしれません。

そこで、「私も仕事なので、契約いただきたいと思っております」というように、訴求するとともに「仕事なので」という少し遠回しな言葉を使いましょう。

するとお客様は初めて営業マンの立場を理解し、「私の都合だけで考えてはいけないんだ」ということに気づくのです。この「仕事なので」という言葉とセットで行うのが「仕事訴求」という即決スキルです。

仕事訴求を発動するのは、「ぜひこの機会に契約してください」と訴求したあとに、お客様が「考えさせてください」と答えを「保留」にしたタイミングがベストです。

このように営業マンとしての立場を理解させたうえであらためて訴求することで、商談とは自分一人の問題解決の場ではなく、営業マンと自分の二人にとっての問題解決の場なのだと、お客様に理解してもらえるようになるのです。

○「お客様の立場」に営業マンが立って考えてみる
×「営業マンの立場」にお客様を立たせて考えさせる

お客様が「考えます」と言う本当の理由

お客様に訴求をして、営業マンの立場をわからせたら、クロージングの第三段階である「断り文句の攻略」の始まりです。

お客様に営業マンとしての立場を伝えると、察しのいいお客様は、自分の「考えます」が通用しないことを感じ取り、別の断り文句を言うようになります。

しかし、ほとんどのお客様は、相変わらず「でも私も考えたいので」と言って、自分の「考えたい」という立場を主張してきます。

このようなお客様には、「考えます」が通用しないということを言葉でわからせる必要があります。

営業マンは、考えるための材料をすべてプレゼンテーションで提示しています。

悩みが解決できる理由とともに、商品のよさを伝えた。

セミクロージングで他社の料金を提示して、相場を伝えた。

お客様からの疑問にもすべて答えた。

ここまでしているのに、これ以上何を考えるというのでしょうか。

実は、お客様は「考えたい」のではなく「悩んでいる」だけなのです。「考える」ことで答えは出ますが、「悩む」ことでは永遠に答えは出ないのです。

悩むお客様の心理と非常によく似た状態があります。それは、花占いをやっている恋する乙女の心理です。「好き、嫌い、好き、嫌い……」と花びらを一枚ずつ取っていき、最後の花びらのときの言葉で占う花占い。これを何度繰り返しても、それは「考える」ことにはなりません。ただ単に、意中の相手が自分のことを好きなのか嫌いなのか「悩んで」いるだけです。

同じようにお客様も、商品が自分にとって「合う、合わない、合う、合わない……」と頭の中で花びらを取りながら悩んでいます。

「相手が自分を好きならば告白したい、でも嫌いなら告白したくない」とうじうじするのと同じように、「この商品が自分に合うならば買いたい、でも自分に合わないなら買いたくない」とうじうじしているだけといえるのです。

しかし、これをこのままお客様に伝えてしまっては、お客様を一方的に非難することになり、お客様との人間関係が終わってしまいます。すなわち、お客様を怒らせて、「警察を呼びますよ！」「今すぐ帰ってください！」などと言われてしまうのです。

✕ お客様の「考えます」は本音
○ お客様の「考えます」は「迷っている」だけ

人は「積極的欲求」よりも「消極的欲求」に反応する

それでは、どうしたらよいのでしょうか。

それは、「消極的欲求」をうまく突くことです。

人の欲求には、「積極的な欲求」と「消極的な欲求」の二つがあります。

「お金持ちになりたい」「もっとやせたい」「おいしいものを食べたい」のように「○○したい」という欲求が、「積極的欲求」です。

一方で、「クビになりたくない」「罰を与えられたくない」「恥をかきたくない」のように「○○したくない」という欲求が、「消極的欲求」です。

世の中のほとんどのサラリーマンは、遅刻をしません。なぜでしょうか？

それは、「恥ずかしい思いをしたくない」「上司から怒られたくない」「まわりのみんなから、バカなやつだと思われたくない」という消極的な欲求をもっているからです。

実は、消極的欲求のほうが、積極的欲求よりもはるかに強力です。今までの営業本や営業セミナーで教えられているクロージングの方法は、「こうなりたいと思いませんか？」「一緒に夢を叶《かな》えましょう！」などといった、お客様の「〇〇したい」という積極的欲求をあおるものばかりでした。

それに対して、私が本書でお伝えしているクロージングの方法は、「問題を解決しないとまずいですよ」「このままだと夢は叶いませんよ」といったお客様の「〇〇したくない」という消極的欲求をあおるもの。極端にいえば、「お客様が喜ぶことを言う」のではなく、「お客様がイヤがることを言う」方法です。

遅刻を例にすると、「遅刻は社会人としてルール違反です」と「ルール設定」をして、「遅刻だけはしないでください」とルールを守るように「訴求」するのです。「遅刻をしたらどうなってしまうんだろう」と怖がらせるため、イヤがられますが、効果は絶大です。

これが逆に、積極的欲求を狙《ねら》った「訴求」に変わればどうでしょう？「明るい会社の未来のために、遅刻はやめましょう」「みなさんの自己向上のために、遅刻はしないでおきましょう」と、たちまち弱々しい「訴求」になってしまいます。


弱々しい訴求では、お客様の「考えます」を止めることはできません。

お客様の消極的欲求にフォーカスすることこそが、お客様を契約へ導く最強のクロージングだといえるでしょう。

× お客様の「積極的欲求」に訴求する
○ お客様の「消極的欲求」に訴求する

お客様の「プライド」を突いて、刀を抜かせよう

テレビドラマ『半沢直樹』で、主人公が会社の常務に向かって問い詰め、一気に立場を逆転させる場面があります。そして、もし不正をしていたのなら土下座をする、という約束をしましたよねと告げ、常務に土下座を求めるのです。

なぜ主人公は、立場がはるか上の常務に、土下座をさせることができたのか。

それは、「約束は守らなければいけない」というプライドを突いたから。「約束を守るのは人として当然」というプライドは、誰もがもっています。「人として間違っていることはしたくない」という消極的欲求から、土下座でも何でもしてしまうのです。

ただ、お客様が「私も考えたいので」と言ってきたときに、いきなり「あなたは人とし

て間違っていますよ」と言ってしまうと、それはただの人格否定になり、「だったら買いません！」と、即決は取れても契約が取れなくなってしまいます。

そこで、単刀直入に言うのではなく、疑問形で「それはどういうことですか？」「話を聞いて、『気に入らなければ断る』『気に入ったら契約する』という前提ではなかったのですか？」と、質問形式で正論を伝えましょう。

このように質問形式で正論を伝えることを、即決スキル「正論質問」と呼んでいます。

「間違っている」という言葉を使わずに、間違っていることを伝える方法です。

正論質問を使うと、人格否定することなしに、お客様の「そういえば、そんな約束していたな」「守らなければな」という消極的欲求をあおることができます。この際、弱々しく伝えるのではなく、堂々と伝えるのがポイントです。

自分が正しくて、お客様が間違っている、ということを態度でも示しましょう。

するとお客様は必死になって自分の正当性を主張しようとして、「他と比較しなければ決められない」「経済的に余裕がないので」などと言い訳を始めます。

言い訳を言わせることができたら、クロージングの半分は成功したといえます。なぜなら、お客様の言い訳を攻略していけば、即決が取れるからです。

正論質問を使ってお客様のプライドを突き、お客様を戦いの場に上げることを、私は

「サムライの法則」と呼んでいます。この法則は、片方が刀を抜くと、もう片方も刀を抜かざるをえなくなる、という法則です。

お互いが刀を抜けば、どちらが強いか、その場でケリがつきます。お互いが刀を鞘《さや》に収めたままでは一向に勝負はつきませんが、戦いのリングに上がれば必ず強いほうが勝ち、弱いほうが負けます。

お客様は営業という戦いにおいては、素人です。しかも、どのお客様の断り文句もほとんど同じです。したがって、戦いにまで持ち込めれば、ほとんどの場合、営業マンが勝てるのです。

お客様が「考えます」と言うのは、逃げたいからです。逃げようとする相手を逃がさないようにするためには、営業マンが刀を抜いてお客様のプライドを突き、お客様に対して「プライドを守る」という「戦う理由」をつくることなのです。

× お客様のプライドを傷つけないようにする
○ お客様のプライドを突いて、戦いの場に上げる

お客様の五つの言い訳「五K」とは？

「遅刻は悪いことだ」と認識していたにもかかわらず遅刻をしてしまった場合、「電車が遅れたから」「体調が悪かったので」など、人はあの手この手で言い訳を考え、「だからしかたがなかった」「自分は間違っていない」と主張します。

同様に、「正論質問」でお客様に間違っていると伝えると、お客様はさまざまな「言い訳」を言います。

これらの言い訳は「かきくけけ」から始まる五つの言葉に分けられます。

（か）解決したいわけではないので
（き）聞かないとわからないので
（く）比べないとわからないので
（け）継続できるか不安なので
（け）経済的に余裕がないので

これを私は「五Ｋの言い訳」と呼んでいます。

一つ目の（か）の言い訳は「（それほど）解決したいわけではないので」の他にも、「そこまで悩んでいないので」「今すぐ何とかしようとは思っていないので」などのようにも、よく言われます。これらの言い訳を「解決放棄」といいます。

二つ目の（き）の言い訳は「（誰かに）聞かないとわからないので」以外にも「旦那《だんな》に相談しないと決められないので」「会議で決裁が下りないとお答えできませんので」のように、「聞く」が「相談」や「会議」「決裁」などの言葉に変わることがあります。これらの言い訳は「責任逃れ」と呼んでいます。

三つ目の（く）の言い訳は「（他と）比べないとわからないので」の他にも、「よく比較検討して答えを出したいと思います」「他にもっといい商品があるかもしれないので」などの言葉にも置き換えることができます。これらの言い訳は「比較願望」と呼んでいます。

四つ目の（け）の言い訳は「継続できるか不安なので」の他にも「以前同じようなものを買っても続かなかったので」「英語の教材を買っても続けられるかどうか心配なので」なども言われます。これらを「継続不安」といいます。

最後の（け）の言い訳は「経済的に余裕がないので」以外にも「不景気でうちも生活が苦しいので」「三か月後になればボーナスが出るので」などの言葉になるときもあります。これらの言い訳が「お金不足」です。

「解決放棄」「責任逃れ」「比較願望」「継続不安」「お金不足」

まずは五つの言い訳があることを把握したうえで、次の項から具体的な断り文句の攻略方法を見ていきましょう。

× お客様が言い訳してきたらあきらめる
○ お客様の「五K」の言い訳を攻略できたら即決が取れる

最高の攻撃力をもつクロージング手法「一貫性外し」

人は誰しも「一貫した行動や発言をしなければならない」という気持ちをもっています。これを心理学では「一貫性の原理」と呼ぶそうです。

この「一貫性の原理」を利用するのが即決スキル「一貫性外し」です。

「そこまで問題を解決したいわけではない」「今すぐ解決する必要はない」とお客様が(か)の言い訳、「解決放棄」を言ってきたら、「ではなぜあなたは話を聞こうと思ったのですか?」「問題を解決するつもりがなかったということは、契約するつもりなど一切なかったのに話を聞かれたということでしょうか?」と言動に一貫性がないことを伝えるのです。

理解を示さないようなら、「営業マンから話を聞くということは、人が一人動くわけです」と言って、話をするのもタダではないと伝えましょう。「銀行や市役所でも、人が動けば手数料が発生しますよね」などと、他の例をあげるのも効果的です。

「もしいいと思ったらスタートしてくださいね、と言ったときに、なぜ何も言わなかったのですか？」と、たたみかけるのも有効です。

ただ、一貫性外しは攻撃性が強いあまりに、お客様を怒らせてしまうことが多々あります。そこで必要なのが、次項でお伝えする「補正」というお客様を怒らせないためのテクニックです。

お客様を怒らせては契約どころではありません。一貫性外しを使うときには、注意して使いましょう。

× お客様の断り文句には筋が通っている

○ お客様の断り文句には一貫性がない

「一貫性外し」の後は「補正」する

人は相手から非難された場合、二つの行動を取ります。「自分が間違っていた」と認めて謝るか、あるいは認めずに「自分は悪くない」と言いつづけ、まともなコミュニケーションを放棄するかのどちらかです。

どちらを選択するかは、相手との人間関係を続けたいと思うかどうかで決まります。

ですので、営業マンが「一貫性外し」をしてお客様を非難すると、ほぼ間違いなくお客様はコミュニケーションを放棄し、「もう話したくありません」「お帰りください」「警察を呼びますよ」などと言って商談を強制終了しようとするでしょう。

このようにさせないためには、お客様が間違っていると指摘したあとに、すぐさまお客様が正しいことも伝えることが大切です。これを即決スキル「補正」といいます。

イメージとしては、横綱と小学生の相撲を想像してみてください。

横綱が小学生を軽々と持ち上げ、「自分のほうが強い」ということを見せつけたあとで、小学生を下ろし、その後押されて後退するフリをして、小学生の力の強さも認めてあげる。そうすることで力の差を見せつけながらも、小学生のプライドも守ってあげられるのです。

即決スキル「補正」とは、足りないところを補って、正しくするということです。**「一貫**

性外し」だけでは崩れてしまうであろう人間関係を「補正」によって修復するというわけです。

「そこまで問題を解決したいわけではないって、もともと契約するつもりなどなかった、ということですか?」「でしたらなぜ、お客様は今回我々から話を聞かれたのですか?」と「一貫性外し」を食らったお客様が「別に契約するつもりがなかったわけじゃなくて……」と困った声を出したら、ここで「補正」の出番です。

「お客様はしっかりしたお仕事ももっていらっしゃる、立派な方です」

「ご自身の行動や言動には責任のもてる方のはずですよね」

「お客様のような将来のある方には、社会で活躍していただかなくてはなりません」

このように、お客様が「正しい人間である」とする言葉を立てつづけに三つ出すのです。

たとえばダイエット食品やダイエット器具を売る場合には、次のようになります。

「お客様はかわいい顔をしているのだから、やせなくてはもったいないですよね」

「やせたら一気に男性が寄ってきて、選ぶのが大変になると思いますよ」

「仕事も順調なのであれば、あとはやせたら何もかも手に入れられる人なんです」

商品に合わせて補正する言葉をあらかじめ考えておくと、お客様により合った言葉を繰り出せるようになるでしょう。

このとき、三つの「補正言葉」を立てつづけに言うのがポイントです。一つ、二つだけだと、「間違っている」という主張を覆せずに、補正しきれません。

お客様は一度は失った自らの正当性を、いわば営業マンによる「お情け」でまた手に入れました。つまり、自分よりも営業マンのほうが「強い」と認識したわけです。

自分のほうが「弱い」立場であると悟ったお客様は、「営業マンに間違っていると言われたくない」という危険回避の消極的欲求をもちます。そこで営業マンが「ですので、ぜひこの機会にスタートしてみてください」と補正のあとに再度、訴求をすると、「はい、わかりました」と素直に従うようになるのです。

このように、営業マンが強い立場を手に入れると、簡単に商品が売れるようになります。一見、押し売りや脅迫のようにも感じるかもしれませんが、お客様自身はそのようには思いません。

なぜなら、「相手から間違っていると思われたくなかったから買った」と思うことは、自らの間違いを認めてしまうことになるからです。商品を買ったあとで、誰かに「なぜ買ったの?」とたずねられたとしても、「いい人に、いい商品を紹介されたから買った」と満足げに言うでしょう。

名著、デール・カーネギーの『人を動かす』にも、人を論破してはいけないと書かれています。論破してしまうと、その人との人間関係は崩れ、恨みだけが残ってしまいます。**我々営業マンの目的は、お客様を論破することではありません。人間関係を壊さぬように「論破」ではなく「論」を提示するにとどめましょう。**

そして補正を行うことで、営業マンは強い立場をもとにお客様を契約へと誘導することができるようになるのです。

× 「一貫性外し」はお客様を論破するための手法

○ 「一貫性外し」の後は「補正」し、お客様を論破してはならない

お客様を怒らせずに「納得」させる豊臣秀吉になれ

「一貫性外し」の後に「補正」をすることをお伝えしましたが、補正の前にお客様を怒らせてしまってはいけません。

そこで大切なのが、表情や声などの「話し方」です。プレゼンテーションにおいては「確信」をもつ話し方が重要だとお伝えしましたが、クロージングにおいて重要なのは「敬い」です。

これには、あるイメージをするだけで大丈夫。それだけで、表情や声などが自動的に変わり、お客様を敬った話し方ができるようになります。

そのイメージが、木下藤吉郎（のちの豊臣秀吉）が主君の織田信長に対して進言するときの「恐縮した態度」です。

しんしんと冷え込む冬の日に、尾張の国主である織田信長が外出しようとしてゾウリに足を入れると、肌触りが妙に生ぬるい。

「さては、誰かが尻《しり》の下に敷いておったな」と思い、控えていた部下の藤吉郎に「サル、尻に敷いておったな！」と殺さんばかりの勢いで言いました。

それに対して藤吉郎は「尊敬する信長様のゾウリを尻に敷くなど、めっそうもございません」と信長を恐れ敬う態度を示したうえで、「おみ足が冷たかろうと、懐で温めておりました」と物申し、証拠としてゾウリの跡がついた胸を見せたのです。

このように言動としては正論を言いながらも、「恐れ敬う姿勢」を取るのです。このように織田信長に物申す秀吉のイメージでお客様に接するのが、即決スキル「劇団秀吉」です。

もし、織田信長に対して秀吉が営業するとしましょう。

秀吉「織田信長様ともあろうお方が、なぜ契約する気がなかったにもかかわらず、初めにそうおっしゃっていただけなかったのでしょうか」

信長「う〜む、た……たしかにそうじゃな」

ここまでが「一貫性外し」です。そしてここからが「補正」の三連発です。

秀吉「あなたは天下の織田信長様ではございませんか」

秀吉「信長様を知らぬものなどこの国には誰もおりません」

秀吉「あなたは誰よりも才能をおもちの方です」

このように補正をしたうえで、最後は訴求で終えましょう。

秀吉「天下を取る信長様であれば、契約するべきでございます！」

最後の言葉は、自らの命をかけて進言するくらいの意気込みです。

お客様を怒らせては、契約どころではありません。

もし秀吉が「殿の言っていることは間違っております」などと真っ向から否定していては、間違いなく首が飛んでいたでしょう。

一貫性外しを使うには、お客様を織田信長だと思って、秀吉になりきって敬いすぎるくらいに慎重に、でも正論は大胆に物申しましょう。

× お客様は、正論をぶつければわかってくれる
○ お客様に正論をぶつけるだけではケンカになるだけ

まずは「第三者アタック」で赤の他人を攻撃しよう

「一貫性外し」は非常に強力ですが、使わずに契約が取れるに越したことはありません。そこで、まずは目の前にいるお客様を直接攻撃するのではなく、似た問題をもつ人をやり玉にあげて、その人を攻撃しましょう。

たとえば、「そこまでやせたいと思っているわけではないので」と「解決放棄」をするお客様に対しては、「そのようにおっしゃる気持ちもよくわかります」とお客様の気持ちを受け入れたうえで、似た問題をもつ人の話を切り出します。

「先日、居酒屋で同僚とお酒を飲んでいたら、近くの席で合コンをやっているグループがいたんです」

「そのなかの一人が、ある女性に『なんで太ってるのにここに来たんだよ』と暴言を吐いたんです」

「ぶん殴ってやろうかと思いましたよ」

「言ってもいいことと悪いことがありますよね」

「ただ、他の男性も、口に出していないだけで本音は同じだったと思うんです」

「やっぱり、太っているよりも、やせていたほうがいいですもんね」

このように、**あくまで営業マンの体験談として、お客様に似ている問題をもつ人が「間違っている」と伝えるのです。**これが即決スキル「第三者アタック」です。

第三者アタックを用いると、お客様は「たしかに太っている人は男性に好かれることは少ないよね」と、自分ではなく他人の問題として話を落ち着いて聞けるため、ついつい共感してしまうのです。第三者アタックを受けることで、「そこまでやせたいわけではない」と言うのが難しくなります。

しかし、ときには営業マンに怒りを覚えるお客様がいることもあります。第三者アタックとはいえ、攻撃されたという思いを多少はもってしまうからです。

そこで営業マンは第三者アタックをしたあとには、「とはいっても、お客様の場合は顔がかわいいので、やっぱりやせないともったいないですよね」とすかさず補正をしておきましょう。そして最後には「ですのでこの機会に契約してください」としっかりと訴求をして、話を終えましょう。

✕ お客様を攻撃しないと契約は取れない
○ お客様と似た人を攻撃することでも契約は取れる

「責任回避」させないためには「責任の所在設定」を行え

次は、即決スキル「責任の所在設定」をお伝えします。

「旦那に相談しないと決められないので」「社長に聞かないとわかりません」などの、「自分には決裁権がない」という（き）の言い訳「責任逃れ」に対して使うことができます。

まず、一番の対処法は、プレゼンテーションのときと同様にクロージングの際にも「決裁者に同席してもらう」ことです。

決裁者に同席してもらえば、「自分には決裁権がない」を理由に逃げられることは少なくなります。

しかし、法人営業などの場合はとくに、同席が難しい場合があります。「百万円以上の契約をする場合には他社にも話を聞いて、社長も参加する会議の場で比較検討して決めることになっているので、すぐには決められない」という、「社内ルール」や、決裁者がインフルエンザで高熱を出して寝込んでいるなど、覆すのが難しい正当な理由があって同席が難しい場合は、「責任の所在設定」を使いましょう。

社長の意見ではなく、「あなた自身の意見はどうなのか」と商談の場にいる担当者に対して、担当者としての責任の範囲で問い正すのです。

「もちろん私も仕事ですので、契約いただきたいとは思っております」とあらためて訴求をしたうえで、「ですのでせめて、担当者であるあなたのご意見はお聞かせ願いたい」と、訴求を理由に、担当者としての意見を求めるのです。

「将を射んと欲すればまず馬を射よ」ということわざのとおり、決裁者を説得したいのであれば、まずは担当者のイエスを取ることです。決裁者の説得は、担当者のイエスを取ったあとで、一緒に作戦を練っていけばいいでしょう。

たまに、「社員全員でよく検討してから」「家族でよく話し合ってから」と、自分が決裁者であるにもかかわらず、責任回避しようとする、たわけたお客様もいます。

こういうお客様にも同じく「あなたはどうなの？　イエスですか？　ノーですか？」と責任の所在設定をきっちり行って、お客様の責任回避を許さないようにしましょう。

× 決裁者がいないから、即決できなくて当然

○ 決裁者がいなくても、「責任の所在設定」で担当者の即決は取る

「比較したい」は「迷っている」にすり替える

次は、三つ目の（く）の言い訳を覆すテクニックを見ていきましょう。

ある作家の方が、英会話を習いに行ったときの先生との会話です。

先生「あなたは本気で英語を話せるようになりたいと思っていますか？」

作家「はい。本気です」

先生「いやいや。本気だったら、すでに英語を話せているはずだから」

たしかにそのとおりです。英会話ができないという「悩み」をもちながら、その「悩み」を解決せずに放置してきたからこそ、英会話ができないでいるのです。

同じように**お客様が「他と比較しなければ決められない」「他にもっといい商品があるかもしれない」**などと**「比較願望」を言ってきた場合も、絶対に信用してはいけません。**

もっといい商品があるかもしれないと言いつつ、その場で営業マンが引き下がったとしても、他の商品を探す気はありません。なぜなら、本当にその気があるのなら、すでに他の商品を自分で探して、購入していなければおかしいからです。

もし本当に「他社の話を聞きたい」というくらい本気であるのなら、すでに何社もの商品を見比べていることでしょう。これをそのまま伝えるのが、先ほども登場した即決スキル「一貫性外し」です。

別のテクニックとしては、即決スキル「すり替え」があります。何をすり替えるのかというと、「比較したい」というお客様の断り文句を、「迷っている」にすり替えるのです。

まず、「実はボクこの仕事十年以上やっていまして、この商品の説明を千人以上ものお客様にやってきたんですね」という実績を伝え、お客様に物申す立場をつくってから、次のように続けます。

「そのうえで、恐縮ながらお伝えさせていただきますが、『他社の話を聞いてから』とおっしゃった方のほとんどは、実際に『他社の話』を聞いたりしないんですよね」

このように「第三者アタック」を用いて、あくまで目の前のお客様ではなく、他の方の例として、他のお客様を攻撃します。

続けて、「今までスタートしてこなかったのと同様に、結局、他社の話など聞くこともなく半年たち、一年たち、ずるずる時間だけが過ぎていってしまうんですね」と、お客様の未来をシミュレーションすることで、お客様が比較したいと言っても、比較せずに終わってしまう可能性が高いことを伝えるのです。

ここまでは、お客様をやんわりと否定した状態です。まだお客様には反論の余地があります。そこで反論の余地を与えぬよう、続けざまに「もう一つ、ボクの経験からお伝えしますと」と再度、自分の実績からお客様に物申す立場をつくります。

続けて、「『他社の話を聞いてから』とおっしゃったほとんどのお客様は、『他社の話が聞きたい』のではなくて、実は『迷っている』だけなんです」と、他のお客様の例を使って、「他社の話を聞きたい」を「迷っている」に変換するのです。

そして、お客様に質問します。

「お客様。迷っていらっしゃいませんか？」

ここまでたたみかけると、ほとんどのお客様は「はい。迷ってます」と答えます。

「他社と比較したいと言っても、どうせ比較しないんでしょう」という攻撃に対して、冷静になれば反論することができるにもかかわらず、「迷っている」ということを受け入れるほうが楽なので、ついつい迷っていることを認めてしまうのです。

お客様が迷っていることを認めたら、

「ですよね。でも、迷うということは、この商品がほしいから迷うんです」

「ご自身の本心では、きっとスタートを切りたいはずなんです」

「スタートしないと何も始まりません」

と、お客様にクロージングのシャワーを浴びせます。

そして最後に、「どうかこの機会に、決心してみてください」と訴求をして締めくくるのです。

このように**お客様を全否定するのではなく、半否定して反論の余地を残したまま、「迷っている」に誘導する。これが「すり替え」によるクロージング方法です。**

× お客様が「他社の話を聞いてから」アプローチをかけ直す
○ お客様の「他社の話を聞いてから」はほとんどウソ

堂々めぐりを防ぐには「極論」が効く

性格の悪い美人と、性格のよい不美人。つきあうのならどっちがいいかと五百人の男性にアンケートしたところ、六六%は「性格のよい不美人」を選んだそうです。

もし単純に「性格のよい不美人とつきあいますか?」と聞いたとしたら、こんなに多くの人が「はい」とは答えなかったはずです。このように、極端に単純化させて聞くことで、答えは変化していくものです。

これをうまく応用すると、お客様の答えを誘導することができます。これを即決スキル「極論」といいます。

極論がとくに有効なのは、お客様が「以前同じようなものを買っても続かなかったので」「英語の教材を買っても続けられるかどうか不安なので」などの（け）の言い訳「継続不安」を口にしたときです。

この「続かないかも」という言い訳は、未来のことは誰にもわからないために、やっかいです。

仮に営業マンが論点を「未来」から「現在」に移して、「今スタートしなければ、何も始まりません」と説得しても、お客様は相変わらず「でも、続かないかもしれないので……」と「未来」について話しつづけるでしょう。

これでは「スタートしなきゃ始まらない」「いや、スタートしても続かないかもしれない」と話が堂々めぐりになってしまいます。

そこで極論を使って、話の論点を「お金の問題」へとすり替えてしまいましょう。

「もしもこの商品の価格が一万円だったら、どうしますか？」と金額を極端に安くして、買うかどうかを聞くのです。

「一万円なら買います」と答えたとしたら、「ですよね」とお客様の答えを確認し、「一万円だったら買いますよね」と念押しします。

そのうえで、「お客様が迷われる問題のすべては、『商品の価格』にあるのです」と論点を「お金の問題」にすり替えるのです（「お金の問題」の解決方法については、次項で説明します）。

「極論」は、どんなお客様の言い訳に対しても使えますので、困ったときの最終手段として覚えておきましょう。

✕「続けられるか不安」という言い訳には「説得」が効く
○「続けられるか不安」という言い訳には「極論」が効く

「お金がない」人は話を聞く資格がない！

高級料亭に予約をすると、「ウチはお一人三万円からですが、よろしいですか」と言われることがあります。つまり、「最低でも三万円×人数分のお金を用意してこい」ということ。あらかじめハードルを設けることでトラブルを未然に回避しているのです。

同じように、お客様に事前にお金が払えることを確認するのが、即決スキル「ハードル設定」です。

実はこのテクニックは、アプローチでアポイントを取るときにすでに使っていました。

約束を重くするために、「月額二万円＋教材費がかかります」と料金説明をすることで、お客様に払えるお金があることを確認したときです。

ですので、本来「経済的に余裕がないので」「三か月後になればボーナスが出るので」などと「お金不安」の言い訳をするのはありえないことなのです。

このようなお金の言い訳に対しても、「一貫性外し」と「補正」が使えます。

「お電話でも、今日話をする冒頭にも、お話を聞かれて、気に入らなければ断ってもらってもかまいません。もし気に入った場合はこの機会にスタートしてください、とお伝えしましたよね」と無料説明の前提を承諾したことを確認します。

そして、「もともと、お金の問題で契約することができないのであれば、初めからちゃんと言うべきですよね」とお客様が間違っていることをほのめかしたり、「でないと、人が動いてしまいます。私も安い人間ではありませんので」などと、自分が迷惑をこうむっている立場だと伝えたりします（一貫性外し）。

このままだとお客様は怒ってしまうので、「補正」でしたよね。

「ただ、お客様はすでに社会人として立派に働いておられる方です」

「今までお話をさせていただいているなかでも、親切で礼儀正しい方だと感じます」

「きっと、何が正しくて、何が正しくないのかということを、しっかり判断できる誠実な方だと思うんですね」

このように三つの言葉で補正を完了させます。

通常の断り文句に対しては、補正が完了したら「ぜひこの機会に契約してください」と押すだけですが、「お金がない」と言うお客様に対しては、支払える金額を明確にする必要があります。

ただ、多くの営業マンが扱っているような高額商品の場合、月々五千円などといった金額では、商品金額にもよるでしょうが、少額すぎて分割でも対応しきれないでしょう。

たとえば、百万円の商品を月々五千円で分割支払いをすると、二百回払いとなり、利子なしで計算しても十六年八か月かかってしまいます。十六年間も支払いつづけるというのは現実的ではありません。

このような場合は、まず「今どき月々千円で受けられる英会話教室などありませんよね？」というように極端に低い金額を提示し、続けざまに「でも、月々十万円もする英会話教室もちょっと高すぎますよね」と、極端に高い金額も提示しましょう。

そうしてから、「やはり、月々三万円とか、四万円とか、人それぞれの相場感覚といいますか、『月々これくらいなら払ってもいいな』という金額があるはずなんです」と、妥当だと言えるくらいの金額例を提示して、「もし英会話を始めるとしたら、お客様の考える妥当な値段っていくらくらいですか?」と、お客様を分割でも対応できる金額に誘導していきます。

これが即決スキル「極論二択」です。極論二択を使うことで、お客様の意識を、「千円以上、十万円未満」という具体的な数字にまで落とし込むのです。

これにお客様が「う〜ん、月々三万円くらいですかね」と答えたとしたら、その「月々三万円」での分割支払いを提案すればよいというわけです。

「月々三万円の分割でしたら、この商品プランが選択できます」

「スタートしないと何も始まりません」

「どうぞこの機会に決心してみてください」

としっかり訴求をして、お客様を契約に導いていきましょう。

× 「お金がない」という言い訳は正当である

○ 「お金がない」という言い訳は、本来ありえない

お客様の背中を押すのは、お客様自身の吐いたツバ

もはや反論する言葉がないにもかかわらず、お客様が契約を渋ることがあります。そんなときには、クロージングのシャワーを浴びせましょう。

シャワーを浴びるときは、最低でも一分は浴びますよね。同じようにクロージングのシャワーも、長めの言葉でお伝えするのがポイントです。

「お客様が契約したほうがいい理由」を一つ、二つ、三つ、と連続で浴びせつづけて、お客様の背中を押しつづけるのです。

このとき効果を発揮するのが、プレゼンテーションの第一段階で行った「アンケート」や、「時限質問」で聞き出した「お客様の悩み」や「エラー」です。

「お客様は『お子さんの受験がうまくいくか心配』とおっしゃっていましたよね」

「お客様は『腰回りの脂肪と二の腕が気になる』とおっしゃっていましたよね」

「お客様は『効果的な育毛方法があれば始めたい』とおっしゃっていましたよね」

と、お客様自身がそれまでに言った言葉を利用するのです。

自分が吐いたツバはもう飲み込めないように、お客様は自分自身が発した言葉を自分では否定できません。クロージングのシャワーを浴びせたあとは、「ならば、お金を理由にや

めてしまうのはもったいないです」「この機会にぜひスタートしてください」と訴求で締めましょう。

このようにお客様が吐いた「悩みのツバ」を利用してお客様に訴求するのが、即決スキル「悩み訴求」です。

お客様の悩みやエラーには、「○○が心配」「○○を解決したい」「○○みたいになりたい」などの、未来に対する不安や希望、現状に対する不満、他人に対するあこがれや嫉妬《しっと》心《しん》などがあります。

人が契約するかどうかを決める最後の一押しは「感情」です。この感情を上手に利用するために、お客様自身が過去にどのような「不快感」や「不満」を感じたかを、あらかじめ聞き出しておきましょう。

× 契約を渋るお客様には、「なぜ迷うんですか」と問い詰める

○ 契約を渋るお客様には、背中を押す言葉を投げかけつづける

「仮取り」作業で契約というゴールを決めよ

百日修行でリタイアする人が一番多いのは、何日目だと思いますか？　私はてっきり、カップルが別れるのと同じように、三日、三週間、三か月目のどれかだと思ったのですが、まったく違いました。

正解は、九十九日目だそうです。

そうです。人はゴール目前になると気が緩み、目の前にある果実をみすみす逃してしまうのです。

営業マンも、お客様が「わかりました。契約します」と言うと、心の中で「やった！」と喜び、気を抜いてしまいます。

そして、契約が目の前にあるにもかかわらず、「どのコースにするかは、明日あらためてお電話でお伝えしますね」「支払回数については、考えてからお返事します」などのお客様の要望を、ついうっかり飲んでしまうのです。

これがゴール直前の「落とし穴」です。

これでは結局、「保留」にできたお客様の勝利です。営業マンは即決が取れず悶々《もんもん》としたまま、翌日以降に「やっぱり気が変わりました」などとお客様に言われ、また意気消沈してしまうことでしょう。

これを防ぐには、ゴールを決めるまでは気を抜かないことです。**営業マンは一人で戦っているのですから、あなたがゴールを決めないかぎり、誰もゴールを決めてくれないのです。**

そのために重要になるテクニックが、料金説明のときに「仮決定」した商品プランや支払い方法を、「決定」に変えることです。

これが即決スキル「仮取り作業」です。稲は実るだけでは食べられません。刈り取る(仮取る)ことで、契約になるのです。

「お客様がおっしゃっていた、こちらの商品でよろしいですね」

「支払い方法は分割でよろしいですね」

「支払回数は三十六回でよろしいですね」

と、営業マンは当然のように契約プランを確定していきましょう。

するとお客様は、「そういえば、自分でそう言っちゃってたな」と思い出し、受け入れます。

もし変更したい場合は、このときに「すみません、こっちに変更してもいいですか?」と声をかけてくるはずです。

こうして契約プランを決めたら、「それではこちらの内容でよろしければ、サインをお願いします」と言って、契約書へサインを書かせてゴールを決めましょう。

× 「契約します」と言わせたらゴール
○ 契約書にサインをさせたらゴール

契約後は「長居」せよ

お客様が契約書にサインをしたら、第四段階の「フォローアップ」が必要です。

フォローアップで初めに行うべきこと。それは、お客様自らの手で、契約書を封筒の中にしまってもらうことです。

この行為は、「自らの意思」で「契約の工程を終わらせた」ということを意味します。これにより、お客様に「自分は自分の意思で契約したんだ」という意識が芽生えるのです。

これを私は、「テープカット理論」と呼んでいます。テープカットとは、建物が完成したときや、新商品の発表会、展示会の開会式などで行われる儀式です。お偉いさんが並んで花のついたテープをハサミで切る、あれです。私は子どものときに、「何の意味があるんだろう」と不思議でしかたがありませんでした。

しかし、儀式とは行う側になってみると、その意味がよくわかります。

結婚式、卒業式、入学式など、過去に自分が主役となったときの儀式を思い出してみてください。儀式とは、心を固めてくれるものです。それは強く印象に残り、後戻りをさせない力をもっているのです。

したがって、商談の場においても、契約書を封筒に入れるというテープカットをするのは営業マンではなく、お客様自身です。

けっして営業マンが行ってはいけません。

お客様に封筒と契約書を渡したうえで、「三つ折りにすると中に入りますよ」とお伝えし、お客様自らの手で三つ折りにさせて、契約書を封じ込めさせるのです。

このテープカットの儀式を終えると、お客様の心は固まり、「本当に買ってよかったのかな……」という不安な気持ちから解放され、「いや～、実は前からこういう商品が買いたいなって思っていたんですよ」などと饒舌《じょうぜつ》になります。

お笑いや落語では「笑いとは、緊張の緩和である」といわれています。この儀式を終えることで、お客様は商談の緊張から解放され、ほっと一安心して笑顔で話してくれるようになるのです。

あとは「一〇〇％の同意」と、表情豊かなリアクションで話の聞き役になれば完璧《かんぺき》です。仕事、食べ物、趣味などの鉄板ネタの話題を振ったりして、お客様にしゃべれるだけしゃべり倒させましょう。

アプローチのときにはお客様がアルデンテの状態で切り上げるとお伝えしましたが、フォローアップでは長い時間話させれば話させるほど、キャンセル率が下がります。お客様から「そろそろ片づけがあるので」などと言われ、帰るように促されるまで、話を聞きつづけましょう。

そして最後には、「本日はご契約ありがとうございました」と礼儀正しく感謝を伝えたうえで、「お客様にお喜びいただけるように精いっぱいがんばりますので、くれぐれもよろしくお願いいたします！」と、最後も「よろしくお願いします」と訴求をして終わりましょう。

この最後の訴求には、「キャンセルをしないようによろしくお願いします」という意味が含まれています。

営業マンの最後の言葉は、とても印象に残ります。「くれぐれも」と強調して終わることで、お客様はキャンセルを考えたとしても「営業マンにああ言われたしな」と最後の言葉を思い出し、踏みとどまってくれることでしょう。

× 契約のあとは、なるべく早く去ったほうが忙しいお客様のため
○ 契約のあとは、なるべく長居したほうがキャンセルにならない

「他のお客様の実績」がキャンセルを防ぐ

営業マンの多くは、お客様のキャンセルを怖がって、「それでは失礼いたします」と言ってそそくさと帰ってしまいます。

しかし、フォローアップで営業マンがお客様とあまり話さずに帰ってしまっては、お客様の不安は解消しきれません。

お客様は「本当に私の悩みは解決するのかなあ」「解決しなかったら、お金をドブに捨てたことになっちゃうなあ」「今からでもキャンセルしたほうがいいんじゃないだろうか」などと、物事を悪いほう、悪いほうへと考えてしまい、キャンセルへと気持ちが傾いていくのです。

なぜ悪いほうへと考えてしまうのか。

これは、お客様が「努力したくない」からです。

悩みを解決して、夢や目標を達成するためには、どうしてもつらい過程を乗り越える必

要があります。しかし、その先に喜ぶべき未来が待っているからこそ、人はがんばることができるのです。

営業マンは、「つらい過程」から「喜ぶべき未来」へとお客様の意識の向け先を変えてあげる必要があるのです。

そこで有効なのが、次のような「最近のお客様の実績紹介」です。

「つい三か月前にご契約いただいたお客様なんですが、すでに『〇〇』というすごい結果を出していまして、私も驚いてしまいました」

この「〇〇」の部分には、お客様にとっての理想の結果を入れましょう。

受験教材だったら、「数学のテストで満点を取った」「偏差値が十も上がった」のように、成績が上がったこと。

ダイエット食品だったら、「運動していないのに三キロ減った」「思ったよりおいしくて食べすぎないように注意している」など体重が減ったことや続けられていることなど、実際のお客様の声を生々しく紹介しましょう。

このようなお客様の声は、アプローチやプレゼンテーションのときにもお伝えしていますが、フォローアップで伝えるとより「説得力」が出ます。

なぜなら、アプローチやプレゼンテーションのときのお客様の声は、「売りたいから大げさに言っているんでしょ」という疑念を起こさせる可能性がありますが、契約後のフォローアップでは、「契約した私のために言ってくれているんだな」と、自分ごととしてとらえてもらえるからです。

また、お客様は営業マンの仕事は「契約書を書かせる」ところまでだと思い込んでいるため、フォローアップで伝えていることはすべて「仕事として」ではなく、「個人的に」言っていることだと感じるのです。

お客様は「この営業マンには心がある」「いい人に出会えてよかった」と思い、キャンセルしたいとは思わなくなることでしょう。

× お客様がキャンセルを言い出さないうちに帰る
○ お客様がキャンセルしないようにしてから帰る

アドリブはあらかじめ練習しておくものである

以上が、クロージングにおける即決スキルです。

クロージングは即決営業の核となる部分なので、この章を読んでからあらためてアプローチとプレゼンテーションの章をお読みいただくと、より深く理解できるようになるでしょう。

何度もいいますが、アプローチもプレゼンテーションも、クロージングのための準備でしかないのです。

この章では、「一貫性外し」「補正」「すり替え」などの即決スキルをお伝えしてきました。まずは、一つずつ試してみてください。

今日は「一貫性外し」を使うぞ！

今日は「極論」でお客様を攻めてみよう。

このように、あらかじめ使う即決スキルを決めてから商談に臨むのです。

もちろん、実際の商談だけでなく、営業マン同士でロールプレイングをして練習することも大切です。

テクニックの一つひとつを単独で使えるようになると、即決スキル同士を組み合わせて使えるようになります。すると、お客様や状況に合わせて、アドリブができるようになってくるのです。

ジャズピアニストは、楽譜を見ずに二時間も三時間も弾きつづけることがあります。ある有名なジャズピアニストは、お客さんからのリクエスト曲をいくつももらい、それらをアレンジして、つなげて弾くこともできるそうです。「その場でいきなり編曲したり、作曲したりしながら弾いているの？」と疑問に思いますよね。

これについてそのジャズピアニストは、「そうではありません。過去に練習した弾き方を、ただ単に組み合わせて弾いているだけです」と話していました。

営業マンも、お客様ごとにその場で言葉を考える必要はないのです。あらかじめ練習してマスターしておいたテクニック同士を組み合わせて、あたかもその場で考えたかのように見せればよいのです。これが即決スキル「アドリブ」です。

そのためには、まずは一つひとつの即決スキルをマスターしていくこと。

第3章の最後でお伝えしたとおり、クロージングにおいても自分専用の台本をつくることから始めるとよいでしょう。

✕ お客様に合わせて話すには、台本では対応しきれない

○ お客様に合わせて話すには、台本をつくって練習しておく必要がある

第5章
「即決営業メソッド」を使いこなす心の鍛え方

心を鍛えて「即決営業メソッド」を使いこなせ

これまで、みなさんに「即決営業メソッド」についてお伝えしてきました。あとはお伝えしたとおりにやるか、やらないかだけです。

しかし、こう書いても、実際に行動に移す方は一割以下でしょう。

理由は簡単です。訴求するのが怖くて、「即決」から逃げてしまうからです。

いくら私がみなさんに「このような言葉を使うのが有効です」「このように行動してお客様を即決に導いてください」と伝えたとしても、「訴求が怖い」というメンタリティを何とかしないかぎり、即決営業メソッドを知っていても何の役にも立たないのです。

そこで最終章である本章では、あなたが即決営業メソッドを使いこなせるように、強いメンタルのつくり方をお伝えします。

強いメンタルを手に入れることで、あなたは訴求ができない自分を「即決でなくても契約が取れたことがある」と過去のわずかな体験から正当化したり、「お客様が契約したいと言うのを待とう」とお客様任せにしたりといったことがなくなります。

それではまずは、強いメンタルとはどのようなものなのかを見ていきましょう。

サッカー日本代表の本田圭佑選手。ビッグマウスに聞こえることを言ったり、名門クラブでエースナンバー10番を背負ったりと、自らに高いハードルを設けたうえで、そのハードルを乗り越えようと努力しています。

二〇〇九年に行われた対オランダ戦では、当時エースだった中村俊輔選手に対して、フリーキックを蹴《け》らせてくれと猛アピールしました。当時の本田選手は、代表戦にデビューしてあまり間もなく、実績も年齢も経験もすべて中村選手のほうが上でした。しかし、結果を残して自らの力を見せていかなければならない、という気持ちがあったのかもしれません。フリーキックの名手である中村選手を差し置いて、フリーキックで点を取るために、アピールを続けたのです。

数年後、不動の日本代表エースになった本田選手は、「後にも先にも僕が俊さんよりフリーキックがうまいなと思ったことは一度もない」というように答えています。

このように、自分より強い者に対しても向かっていくメンタリティこそが、営業マンに必要なのです。

これを私は、「窮鼠《きゅうそ》猫を噛《か》む理論」と呼んでいます。窮鼠とは、追い込まれたネズミのこと。**営業マンは、自らが追い込まれていることを自覚したうえで、トップ営業マンになろう、どんなお客様にも訴求していこう、と自らを奮い立たせることが大切なのです。**

メンタルが強い人間は成功し、メンタルが弱い人間は失敗します。即決への強いこだわりをもって、即決営業メソッドを実践に移すことで、営業マンとしての成功をつかみ取りましょう。

× 「即決営業メソッド」さえ学べば営業成績が上がる
○ 実践するためには強いメンタリティが必要

即決型営業マンがもつべき十のアイデンティティ

川で子どもがおぼれていたら、あなたはどうするでしょうか。

もしあなたが「自分はやさしい人間だ」と思っていたとしたら、「子どもを助けなければ、自分はやさしくない人間になってしまう」とアイデンティティを失う危険を感じるでしょう。この「危険を回避したい」という欲求が、強いメンタルを生み出すもととなる「消極的欲求」です。

しかし、このとき、「飛び込んだら自分も死ぬ危険があるし、やめとこうかな」という悪魔のささやきが聞こえてきたら、どうするでしょうか。

「自分は危険を顧みずに人を助ける人間だ」という「より強いアイデンティティ」をもつ

人は「子どもを助けないような心の冷たい人間にはなりたくない」と自らを奮い立たせて飛び込むことができます。

一方で、「自分を死の危険にまで晒《さら》すほどお人よしではない」という「中途半端なアイデンティティ」をもつ人は、「子どもを助けなかったとしても、心の冷たい人間だとは言われないだろう」と言い訳をして飛び込みません。

もちろん、誰にでも「子どもを助けてあげたい」という積極的欲求はあるでしょう。

しかし、それは誰しももっています。積極的欲求は弱い欲求なので、それだけでは足りないのです。

営業マンも、お客様を目の前にしたら、「川でおぼれている子ども」を見たときと同じように、お客様を「助ける」か「助けない」かを決めなくてはいけません。

あなたの商品によってお客様の悩みが解決するとしたら、あなたが行うべきは、人助けとしての営業なのです。

「お客様に嫌われるかもしれない」という危険を冒してまで、あなたはお客様を助けることができるでしょうか。そのためには、おぼれている子どもを助ける人と同じくらいの強いアイデンティティをもつ必要があるのです。

初めから強いアイデンティティでなくともかまいません。まずは「自分は商品を売る営業マンだ」というアイデンティティから始めて、徐々に他のアイデンティティを加えていって、強化すればよいのです。

我が社では、「即決型営業マンがもつべき十のアイデンティティ」として、次のようにまとめています。

【即決型営業マンがもつべき十のアイデンティティ】

一、自分は世のためになる商品を売っている営業マンだ
一、自分は訴求ができる営業マンだ
一、自分は保留を絶対に許さない営業マンだ
一、自分はお客様の言いなりにはならない営業マンだ
一、自分はお客様に嫌われることを恐れない営業マンだ
一、自分は売ることこそが正義だと考える営業マンだ
一、自分はお客様に決断をさせる営業マンだ
一、自分はどんなときも即決に挑む営業マンだ
一、自分はクーリングオフを恐れずに即決に挑む営業マンだ
一、自分はお客様と一回しか商談しない営業マンだ

ここに書いてある十のアイデンティティを暗唱するだけで、鋼鉄のような強い心をもつことができるようになるでしょう。

× やる気さえあれば何でもできる
○ 強いアイデンティティがないと営業はできない

契約取らざる者、食うべからず

営業に関するアイデンティティとは別にもっておくとよいアイデンティティがあります。

それは、「自分はお金を稼ぐ人間だ」というお金稼ぎのアイデンティティです。

このお金稼ぎのアイデンティティを形成するために、もっておくべき信念があります。

それは、「世界で一番偉いのは、世界で一番お金を稼ぐ人だ」という「お金稼ぎは正義」という信念です。

この信念がないと、お金を稼ぐことに抵抗をもってしまい、「別にそこまで稼ぎたいわけではないし」と悪魔が営業マンの耳元でささやくことでしょう。

では、なぜ「お金をたくさん稼ぐ人」は偉いのか？　それは、その人がたくさんの「ありがとう」を集めた人だからです。

「あなたのつくった料理はすごくおいしかった。ありがとう」「あなたの開発した薬のおかげで、病気が治りました。本当にありがとう」というように、私たちには誰かに与えた「ありがとう」と同じ数だけの「お金」が集まるようになっているのです。

「お金をたくさん稼ぐ人」とは「世の中の人に『ありがとう』をたくさん与えた人」であり、「世の中のため、人のためになった人」なのです。

さらに、「お金をたくさん稼ぐ人」はたくさんの「税金」を払います。たとえば年収一億円を稼ぐ人は、年間でだいたい五千万円以上の税金を払っている計算になります。一年間の税金が五千万円ですよ！

年収一千万円のサラリーマンであっても、納めている税金は二百万〜三百万円ほどでしょう。

つまり、年収一億円の人は、年収一千万円の人よりも、二十倍以上「偉い」のです。普通のサラリーマンと比べたら、その差はもっと大きいでしょう。

世の中には「人のためになる仕事がしたい」という人が多くいますが、そういう人こそ「たくさんのお金を稼ぐ人」になるべきなのです。

この資本主義社会では、国の政治も経済もすべて「お金稼ぎ」で成り立っています。自分のためにお金をたくさん稼ぐことが、この世で一番の社会貢献であり、最強の正義といえるのです。

もしも、あなたがお金をあまり稼げていない人だとしたら、けっしてそれを「正しい」としてはいけません。

もしお金が稼げていない現状を「正しい」としてしまったら、「自分は稼げなくてもかまわない」「だから商品が売れなくてもかまわない」という考えにつながり、営業マンとしてのアイデンティティが根底から崩れてしまいます。

お金が稼げていない現状を「間違い」とし、「自分はもっと稼がなければいけない」と考えることによって、より「即決アイデンティティ」が手に入るのです。

× 「人のためになる仕事がしたい」人が成功できる
○ 「お金稼ぎは正義」という信念がある人が成功できる

人間は「逆境」「競争」「理不尽」によって育まれる

アクション映画の主人公は、ストーリーの序盤では臆病《おくびょう》なところがありますが、ヒーローとして目覚め、成長するにしたがってどんな困難にも勇気をもって立ち向かい、ヒロインを助け出すという目的を達成します。

同じように営業マンも、営業の仕事を始めたばかりのころは臆病です。しかし、営業マンとして目覚め、成長することでどんなお客様にも勇気をもって立ち向かい、お客様の悩みを解決するという目的を達成するのです。

では、どうすれば目覚め、成長できるのか。

それには、「逆境」「競争」「理不尽」の三つとしっかり向き合い、けっして逃げ出さないことです。

映画『マトリックス』を例に見ていきましょう。

主人公は、青いカプセルと赤いカプセルを差し出されます。赤いカプセルを飲めば、真実を知ることができると言われ、赤いカプセルを飲みます。すると彼は新しい世界へと導かれ、「救世主」としての新しいアイデンティティを手に入れるのです。

営業マンも、営業という仕事をするかどうかを、どこかで選択したはずです。選択したならば、たとえ過酷な現実を前にしても、逃げ出さずに「営業マン」としてのアイデンティティをもつべきなのです。

目覚めによって新たなアイデンティティを手に入れたら、続いては成長の段階です。

『マトリックス』では、主人公は次の三段階で成長していきます。

（1）人工知能に支配された世界の現実を知り、受け入れる（逆境）
（2）仲間からトレーニングを受け、競争の中で成長する（競争）
（3）仲間を失う恐怖から、理不尽なまでに強い敵へと挑む（理不尽）

映画と同じように、営業マンが生きている現実にもまるで台本があるかのごとく、「逆境」「競争」「理不尽」が用意されています。

この三つに目を向け、けっして逃げ出さないことで営業マンは映画の主人公のように成長することができるのです。

次の項からは、この三つを一つずつ見ていきましょう。

✕ アイデンティティは生まれながらにして決まるもの
〇 アイデンティティは目覚めによって得て育てるもの

人は「逆境」によって育つ

まずは「逆境」について。

今から五年ほど前に、インドネシアのバリ島に旅行したときのことです。

海沿いのメインストリートを歩いていた私は、路上で手作りの人形を売っている少年と出会いました。「どんなふうに売るんだろう」と私は職業柄、その少年の「売り方」を遠目で観察しました。するとその少年は、次々と外国人に手作りの人形を売りさばいていくではありませんか。けっしてその人形は、バカ売れするほどの代物ではありません。

ただその少年は、欧米人には英語で、中国人には中国語で、そして韓国人には韓国語で話しかけていたのです。

「こんな十歳前後であろう少年が、まさか自分の国の言葉を話すなんて！」と、話しかけられた外国人は心をわしづかみにされていたことでしょう。

「この子はいったい、何か国語が話せるんだろう？」と感心し、私は少年の元へと歩いていき、「ハロー」と声をかけました。

するとなんと少年は「コンニチハ。ニホンゴ少シ話セマス」と日本語で話しかけてきたのです。私は驚いて、何か国語も話せてすごいねと伝えると、「あなたたち日本人のほうがすごい」と言われました。

その理由は「日本語しか話せなくても生きていけるのだから」。

日本人は、外国語が話せなくても食べていける。そんな逆境がない日本をほめていただけだったので、何とも複雑な気持ちになりました。

人は「教育」によって育つのではなく、「逆境」によって育ちます。しかし、多くの仕事には、逆境といえるほどの逆境はありません。したがって、成長のスピードは本人の能力とは関係なしに、ノロノロと遅いものにならざるをえません。

もしあなたが成長したいと本当に思うのなら、逆境を感じられる仕事をするべきなのです。

営業の仕事には、売れなければ食べていけないという、最高の逆境があります。

この逆境に打ち勝つための武器はすでにこの本でお渡しししました。

この本を読んでいる読者の方には、どうか「逆境」に打ち勝って成長し、「成功」を手に入れていただきたいと思います。

× 「教育」があるからこそ、人は成長する

○ 「逆境」があるからこそ、人は成長する

成功したいなら、「公平」を選べ

営業マンとして日々、「売らなくては居場所がない」という逆境に立ち向かっていると、ふと「なんで自分はこんなところにいるんだろう」という疑問をもつことがあるでしょう。

たしかに営業マンの世界には、「売る人間は偉い」「売らない人間はダメだ」というシンプルな二つのルールで形成される、厳しい上下関係があります。

トップ営業マンは大きな顔ができ、会社も多少のわがままは大目に見てくれる一方で、そのしわ寄せは売れない営業マンにやってきます。

ある程度稼げるようになるまでは、低い給料を大きな逆境として感じ、やるせない気持ちになることもあるかもしれません。

そんなときには、「公平」と「平等」の違いを考えるようにしてください。

魚釣りの上手なAさんと、魚釣りの下手なBさんがいたとします。釣った魚一匹は、一万円で売れます。

Aさんが一か月間に釣った魚の数が百匹だとすると、Aさんの一か月間の収入は百万円になります。

一方でBさんが一か月間に釣った魚の数が一匹だとすると、Bさんの一か月間の収入は一万円になります。

これが「公平」です。

営業とは、たしかにつらい仕事かもしれません。しかし、日本においてこれほど公平な仕事はないともいえるのです。

「平等」を重視する多くの会社では、自分の給料がなぜこの金額なのか、と納得できないなかで働くことになります。会社の利益に大きく貢献した人も、あまり貢献していない人も、明確な評価指標がないために、あまり変わらない給料を与えられているからです。これでは、あまり貢献していない人はずるいですよね。

しかし、このような環境に慣れてしまった人々は、「公平」よりも「平等」を重視するようになり、「お金をたくさん稼ぐ人がたくさん税金を払えばいい」「自分たちはあまり稼いでいないので、税金はそんなに払いたくない」などと当たり前のように思うのです。

しかし、**もしあなたが営業マンとして成功したければ、「自分は自ら選択して、公平である営業の仕事を選んでいるんだ」と自分の意思で仕事を選んでいることをしっかりと認識するべきです。**

そうすることで、営業マンとして逆境にぶつかったときにも、営業という仕事のすばらしさを思い返し、他の仕事に逃げたいとは思わなくなることでしょう。

✕ 営業の仕事は「平等」ではないと不満をもつ
○ 営業の仕事は「公平」だからすばらしいと考える

「競争」するからこそ、成長できる

「逆境」の次は、「競争」について。

「競争」とは、まわりの人と自分とを「比べる」ことです。比べることによってのみ、人は自己評価ができ、成長したいという気持ちをもつことができます。

たとえば、競争のない一〇〇メートル走は、見ていておもしろいでしょうか。タイムを計らずに記録に残らなかったら、はたして選手は走りたいと思うでしょうか。競争があるからこそ、選手は「勝とう」としてがんばり、タイムを計測するからこそ、「過去の自分」と「今の自分」とを比べることもできるようになるのです。

もう少しわかりやすく説明しましょう。

私は大阪出身で、現在も大阪市内の「高台」に住んでいます。この「高台」というものは、他と比べて「高い」からこそ「高台」ですよね。

もし、比べることをやめたら、「高い」か「低い」かがわからなくなり、「高台」かどうかを判断する基準が崩壊します。

同じように、あなたが「お金持ち」をめざしていたとしても、比べることを放棄すれば、何をもって「お金持ち」か判断できなくなります。

人の顔を比べないかぎり、「美人」かどうかも判断できなくなります。美人は、まわりの人と比較され、競争を意識するからこそ、「美人」なのです。

比べることをやめたとたんに、「高台」も「お金持ち」も「美人」も何もかも、すべての判断ができなくなります。私たちは、今まですべてのことを比べて判断してきましたし、比べることで「優越感」もしくは「劣等感」を感じるようにつくられているのです。

もし劣等感を感じたくなければ、「勝つ」ことです。勝つことなしに、劣等感から逃れることなどできません。

劣等感を感じたくないからといって、自らの耳をふさぎ、目をふさぎ、すべての結果から目を背けて生きていくことほど、人の生き方として不自然な生き方はないのではないでしょうか？

その証拠に、子どもはみんな、比べることが大好きです。「ボクのほうがスゴイよ」と大きな声で無邪気にはしゃいでいます。人はもともと、比べるようにつくられているのです。「ボクのほうがスゴイよ」って、みんな言いたいはずなんです。

なので、営業マンは「比べる」ことをあきらめないでください。
努力もしないで耳をふさいではいけません。
「オレは誰にも負けないぞ」「絶対に一番になる」という「競争」に勝つことへの強い思いが、逆境を乗り越えるパワーになるでしょう。

× 「劣等感」を感じたくないから人と比べないようにする
○ 人と比べない生き方は不自然である

「競争本能」でナンバーワンを勝ち取れ！

営業成績を紙で貼り出すと、「なぜ競争させようとするのですか？」「私は競争するのが好きではありません」と言ってくる営業マンがいます。こんな営業マンは、「負けたくない」という消極的欲求から逃げているだけです。

勝てる営業マンは、「競争」が好きです。競争を意識することで自らの消極的欲求をあおりたて、それをモチベーションとしてあともう一件、あともう一件、とストイックに努力することができるのです。

逆に、競争から離脱してしまっては、消極的欲求を失います。単に「稼ぎたい」「遊びたい」という積極的欲求だけでは、人間はストイックにがんばることはできないのです。

営業マンでも、スポーツ選手でも、成功するのは始めたときからトップをめざす人です。自分がとうていかなわないような相手がまわりにいても、始めからナンバーワンをめざし、すべての人をライバル視するのです。

たとえば、ゴルフ界で有名なタイガー・ウッズ選手は、「たとえ負けていても、自分は勝てると、いつも信じなくてはならない」というように言っています。

つまり、「どんなときにも勝つことにこだわれ」ということですね。

たしかに勝つことにこだわりすぎると「和を乱すな」「大人げない」と、まるで罪悪のように非難されることもあります。

ただ、少なくともスポーツと営業の仕事においては、勝つことこそが正義です。もし、タイガー・ウッズが、「がんばったのだから、それで十分だ」「大事なのは結果じゃなくて、過程なんだから」という、結果にこだわらず、競争を否定するような考え方をしていたら、きっと一流と呼ばれるまでには成長できなかったでしょう。

営業マンは、絶対に競争から逃げないでください。
競争から逃げると、成長は止まります。

競争から逃げると、即決からも逃げるようになってしまいます。

負けたくないからといって、競争すること自体から逃げてはいけないのです。負けている現状であっても競争に向き合える人こそが、「競争本能」を使って勝つための努力を続ける、将来のトップセールスマンなのです。

× 過程が大事だから競争しなくてもOK
○ 競争をして結果にこだわる必要がある

「理不尽」を乗り越え、営業という大冒険に出よう

最後に、「理不尽」についてです。

もしあなたが営業マンとして仕事をして一年以上たつならば、理不尽なことの一つや二つは当然のように経験していることでしょう。

私も営業の世界に二十年近くいますので、理不尽なことは山のように経験してきました。

そして、理不尽なことが起きるたびに、心が傷つき、イヤな思いをしてきました。

飛び込み営業をすれば、話を聞いてもらえないのが当たり前。

露骨にイヤな顔をされ、心のない言葉を言われるとグサっとくるものです。

飛び込みではなく、事前にアポイントを取っていれば大丈夫かと思いきや、そんなことはありませんでした。

お客様と約束したとおりの日時に訪問したのに、居留守を使われて出てきてもらえなかったり、数時間待たされたり……。

家の中の蛍光灯がついていて話し声も聞こえるのに、いくらインターフォンを押しても出てこない。

腹が立ったので延々と鳴らしつづけていたら、二階のベランダにいる子どもから、BB弾で撃たれたこともありました。

「帰れ〜〜〜!」と純粋無垢《むく》な目をした男の子が、敵を撃退しようと必死におもちゃの銃を撃ちつづけています。

泥棒が家に忍び込もうとしているのならわかりますが、なぜアポを取って訪問しているのに撃たれなければいけないのでしょうか。

このような体験のなかで、「どうしてお客様はこんなにひどいことをするのか」と私のガラスのハートは粉々に砕け散り、「せめて人間扱いしてほしい」と、毎日毎日、ただただ願っていました。

あとになってみれば、このようなお客様の「理不尽」な行動や言動が、私を成長させてくれました。

理不尽なことばかりが起きるからこそ、私は「人間扱いされるには、売るしかない」と、「〜せねばならない」という消極的欲求を使って発奮したのです。

「どうしたらお客様は商品を買うのか」と考え、行動に移しつづけたことで、気がつけば、班長、営業主任、営業課長とどんどん昇格し、いつの間にかトップ営業マンになっていました。

もちろん「理不尽」を体験するだけではトップ営業マンにはなれません。

「理不尽なことはどうしようもない」と言って「他人の責任」にするのではなく、「理不尽への対処法を考えていなかった自分が悪い」「理不尽の予防をしていなかった自分が悪い」と、すべてを「自分の責任」としてとらえることが大切なのです。

このように、すべてを自分の責任としてとらえられる営業マンを、「自責型」の営業マンといいます。

自責型の営業マンは、与えられた環境で、与えられた商品を、与えられたリストに対して必死で売ろうとチャレンジしつづけます。すると結果として、売れるようになっていきます。

もし私が自責型ではなく、すべてを他人のせいにする「他責型」だったとしたら、きっと理不尽な営業の仕事はやめて、あまり人と接する必要のない職種に転職していたことでしょう。

すると、たしかに心が傷つくことは少なく、楽かもしれません。しかし、ただただ毎日をのんびりと過ごすだけで、給料も少なければ、日々のやりがいも少なかったはずです。

私はこう問いたいのです。「『普通の人』には誰でもなれる。でも本当に『普通の人』になりたいの？」と。

もしあなたが普通の人ではなく、突き抜けた人になりたいのであれば、すべてを自分の責任ととらえ、どんな理不尽にも立ち向かうことです。

そうすることで、あなたはどんな理不尽なお客様にも商品を売ることのできるトップセールスマンになれることでしょう。

✕　心が傷つく仕事はしたくない
○　心が傷つく仕事だからこそ、人は成長できる

営業マンの仕事は「三方よし」

「稼ぐためなら何でもやります！」と意気込んでいた営業マンが、理不尽にぶちあたり、営業の仕事が簡単ではないことに気づいたとたんに、「お客様から嫌われたくない」「お客様のためになる仕事がしたい」などと甘ったれたことを言いはじめることがあります。これは、「〜したくない」という消極的欲求を、「だから営業の仕事をやめたい」という言い訳に使っているだけです。

ただ、「お客様のためになる仕事がしたい」という積極的欲求をもつ気持ちもよくわかります。

営業マンの仕事は、「売ること」であり、お客様のためになっているのかどうか、感じにくい仕事だからです。

商品開発であれば、お客様からの要望を商品に反映させたり、過去の商品をよりよくしたりすることを通じて、仕事の意義を感じやすいでしょう。

商品を売ったあとにお客様にサービスを提供するサービススタッフであれば、お客様とじかに接して、お客様が商品やサービスを利用している現場を見ることができるため、自分の仕事の価値をダイレクトに感じやすいでしょう。

しかし営業は、売ったあと、お客様が本当にその商品をよいと感じたのかどうかを確かめにくい仕事です。しかも、営業マンが接する人のほとんどは、商品を買わない九割の人々です。

つまり、お客様ではない人とばかり接しているのです。

そのため営業マンは、自分がやっていることは本当に社会的意義があることなのだろうか、と悩んでしまうのです。

そこで、このように考えることで、積極的欲求を満たしてあげてください。

「営業マンが売るからこそ、商品開発スタッフは商品を開発することができる」

「営業マンが売るからこそ、他のスタッフはサービスを提供することができる」

「営業マンが売るからこそ、会社はその利益で存続することができる」

このように考えていくと、すべては営業マンのおかげで成り立っていると感じられませんか？

営業マンに報酬を支払っている経営者ですら、営業マンのおかげで売り上げが上がり、会社を存続できているのです。

あなたの仕事は実は、「商品開発スタッフ」「サービススタッフ」さらには「経営者」のためにもなっていたのです。

これを「三方よし理論」といいます。

三方よしとは通常、「売り手よし」「買い手よし」「世間よし」のことをさしますが、ぜひ「商品開発スタッフよし」「サービススタッフよし」「経営者よし」の三方も意識してみてください。そうすることで、売ることが正義であるという意識をあなたももてるようになるでしょう。

もっといえば、お客様からしても、営業マンが売るからこそ、その商品やサービスを通じて、自分の問題点を解決するためのスタートが切れるのです。

物事は、始めなければ何も進みません。うまくいったかどうかはその次で、まずはスタートすることが大切なのです。

「三方よし」に加えて、売ることは「お客様よし」でもある。

だから、「売ること」以外は考える必要がありません。

「売りたい」のではなく、「売らなくてはならない」のです。

このように「売ることだけが正義」と自らの消極的欲求をあおること。

そして、とことん即決にこだわることです。

それが営業マンに与えられた使命であり、お客様、そして他のスタッフへの貢献なのです。

× 「売ること」以外にも大切なことがある

○ 「売ること」以外の正義はない

おわりに

ここまでお読みいただき、ありがとうございました。

さあ、座学はもう終わりにしましょう。

今こそ、あなたが「即決営業メソッド」の「実践」という新たなる挑戦を始めるべきときです。

しかし、最後に一つだけお伝えしたいことがあります。

実をいうと私は、「即決営業メソッド」を広く世に公開するべきかどうか、ずっと迷っていました。

このメソッドは、私が経営する営業会社の企業秘密でもあります。私の会社の営業マンにだけ教えていれば競合会社の営業マンにお客様を奪われることなく、契約数を伸ばしつづけることができるのですから。

ただ経営者として日々、会社の売り上げと利益に向き合うなかで、どうしても即決営業メソッドを世に広めなければならないという使命感にかられるようになりました。

私の会社で働いてくれている営業マンがみんな口をそろえて、「こんなにまともに営業を学んだのは初めてだ」と言ってくれたからなのです。

そうして私は一般向けのセミナーを始めました。そして、セミナーに来てくれた営業マンが、実際にどんな悩みをもっているのか、インタビューや座談会を行うことで徹底的にヒアリングしていったのです。

ある四十代の女性は、「営業という仕事がイヤでイヤでたまらなかった。人と話すのは苦手だし、お願いするのも苦手だし、むしろ営業の仕事のなかで得意なことは何もない。だけど逃げるのがイヤで営業の仕事を続けている」と言います。

また、ある二十代の男性は、「営業の仕事を始めて半年間、何もかもがまったくうまくいかない。自分みたいなダメ営業マンに、何かアドバイスがあるのならば教えてほしい」と深刻な顔で質問してきました。

二人とも、見るからに人のよい顔をした営業マンです。しかし、少々表情が暗い。きっと仕事がうまくいかずに気持ちが落ち込んでいたのかもしれません。

悩むくらいならやめてしまえばいい、あるいは他人のことなどどうでもいい、と感じた方もいるかもしれません。

ただ、悩みを正直に打ち明けてくれたとき、私は、「これこそが自分の使命なのではないか」と感じました。

なぜなら、このように悩んで落ち込んでいたのは、まさに過去の自分そのものだったからです。

一九九七年の冬、当時二十二歳だった私は営業マンではなく、単なるフリーターでした。そして毎日毎日、大阪のカプセルホテルで一日五千枚のタオルをたたみつづけるという、おもしろくも何ともない「単純作業」の仕事をしていました。

なぜそんな仕事をしていたのか。それは、私には夢があったからです。ゆくゆくは俳優になりたいと思い、芸能事務所に所属して、モデル活動をしていたのです。しかし、まったくお金になりません。そこで、シフトが調整しやすく、急な仕事にも対応できるタオルたたみの仕事を二年続けました。

そんなある日、新聞の折り込みチラシに「学習カウンセラー募集」という文字を見つけ、そこにあった「月収百万円以上可能」「フリー出社制度あり」「週三日出社ＯＫ」という言葉をただただ信じて面接を受けたのが、私の営業人生の始まりでした。

ほとんど説明のないまま初出社をした私を待っていたのは、一つの部屋に三十台もの電話がずらっと並べられた「テレアポ部屋」。

そう。私が応募した仕事とは、学習カウンセラーでも何でもなく、学習教材を売る営業マンの仕事だったのです。

そこで一日中、ひたすら学習教材を売るためのテレアポを続けます。

私に対して、竹刀《しない》を持った上司は言いました。

「いいかあ〜、お前は今日からテレアポマシンだ。感情を捨てなさ〜い！」

私は必死になってアポを取るために努力しましたが、まったく取れません。

上司に相談すると、上司は竹刀でバシっと机をたたきながら、「断られることに慣れろ！」と言うのです。

「お前は新人なんだから、アポが取れることなど期待していな〜い！」

「トークスクリプトに書かれた言葉を上から下までそのまま読んでいればいいんだ！」

このように罵倒《ばとう》され、ただただひたすらやらされつづけたのです。

「これじゃあ、タオルたたみの仕事と同じじゃん」と、そのときはなぜ上司がそのように言うのか、なぜ感情を捨てなければならないのか、なぜ断られるのが当然なのか、何もわかっていませんでした。

そのときの私と同じように、世の中には会社から「こうしろ」と無理やりやらされている営業の方法に対して、「なんで?」と思い悩んでいる人が多いと思うのです。

そして、その「なんで?」に誰よりも答えられる存在になりたい。そして即決営業メソッドを伝えることで、悩める営業マンを救いたいと強く感じるようになったのです。

もし、この本を通じて少しでもあなたの営業に対する疑問が解け、「成績が上がった」「営業という仕事をやめずにすんだ」ということがあれば、著者としてこれほどうれしいことはありません。


結局俳優になることはありませんでしたが、私は本当に営業という仕事をあきらめずにやってきてよかった、とつくづく感じています。それは、やめなかったおかげでお金を稼げ、会社を立ち上げて経営者になれたから、というだけではありません。

「即決営業メソッド」を世に広めるという自分のライフワークとも出合うことができたからです。


本文中にもあったとおり、「即決」という訴求をする恐怖はとてもとても大きいもので、ときには心がくじけてしまいそうになることがあるかもしれません。

そんなときにはこの本をもう一度開いて、エネルギーを充塡《じゅうてん》して、また立ち向かっていただきたいと思います。

二〇一六年六月

堀口龍介

堀口龍介（ほりぐち・りゅうすけ）

即決営業コンサルタント／株式会社即決営業代表取締役

1976年、大阪生まれ。17歳から関西を中心にモデル活動をしていたがまったく仕事がもらえず、貧乏生活から抜け出すために、22歳のとき、大学入試教材の訪問販売最大手に入社。「即決」にこだわることをモットーとして、翌年にはセールスマン1000人以上のなかで年間個人売り上げ1位の成績を収める。その後、訪問販売会社を渡り歩き、在籍した3つの会社すべてで年間個人売り上げ1位となる。

29歳で訪問販売会社を起業し、自身が実践してきた「即決」にこだわる営業法を社員にそのまま実践させ、初年度から年商2億7000万円を売り上げる。その後、訪問販売ガイドラインの改定により、信販が使用不可能になり、会社売り上げが大幅に下がる。さらに、社内スタッフ全員から集団的な反発を長期的に受け、最終的に会議中にスタッフ50名の前で土下座するなどどん底を味わう。管理職の入れ替え、業務の大幅改善などを経て、京都や東京に拠点を広げ、グループ売り上げ年商5億円を突破。

その後39歳で、社会貢献として自身の営業法を広めることを決意。すべての営業過程を「即決のため」とすることから「即決営業メソッド」と名づけ、セミナー活動を開始。それまでは依頼があっても断っていた他社からの研修依頼を引き受けるほか、自社でも頻繁にセミナーを開催し、「即決営業メソッド」を惜しみなく伝えるだけでなく、その場で「即決営業メソッド」を体得するための「即決営業トレーニング」を実施している。実践に主眼を置いたセミナーには、参加者から「今日からでも使える」「すぐに成果が上がった」などの喜びの声が届いている。


「セールス堀口の即決営業」http://sokketsueigyo.com

即決営業

2016年 7月20日　初版発行
2019年 7月20日　第6刷発行

著　者　堀口龍介

発行人　植木宣隆

発行所　株式会社サンマーク出版
東京都新宿区高田馬場2-16-11
電話　03-5272-3166

印刷　共同印刷株式会社

製本　株式会社村上製本所

ISBN978-4-7631-3561-2　C0033

ホームページ　http://www.sunmark.co.jp

サンマーク出版の本

頭を下げずに「時短」で商品を売る方法

五丈凛華［著］

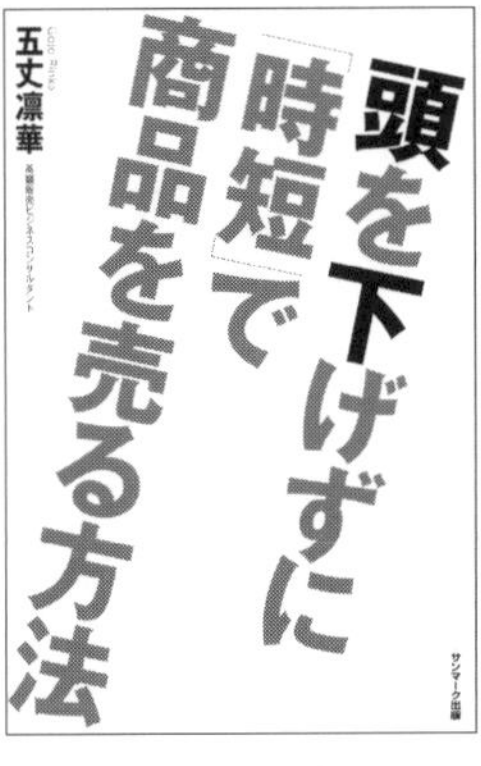

四六判並製　定価＝本体1300円＋税

「おじぎ」をやめると、驚くほどラクに売れる！
これまでの営業常識が180度変わる販売メソッド。

なぜこんなに、頭を下げているのにモノが売れないのか？
おじぎは自らを「不利な立場」とする負の儀式である
お客の言いなりになるのは「売りたい欲」が強いから
どんなお客にも潜む「買わない理由」を、真逆アクションでひそかに打ち砕く
明日から本当にあなたが変わる「自分矯正プログラム・魔法の7ヶ条」
営業マンには、「売ることも売らないこともできる」権利がある
「良い人」をやめた瞬間、誰もがトップセールスマンに変貌する

電子版はKindle、楽天<kobo>、またはiPhoneアプリ（iBooks等）で購読できます。